全球金融监管
如何寻求金融稳定

(美)乔治·尤盖斯　著

尹振涛　译

THE QUEST FOR FINANCIAL STABILITY

INTERNATIONAL FINANCE REGULATION

北京市版权局著作合同登记：图字：01—2018—7200 号

图书在版编目（CIP）数据

全球金融监管——如何寻求金融稳定/(美) 乔治·尤盖斯著；尹振涛译. —北京：经济管理出版社，2018.7
ISBN 978-7-5096-5900-7

Ⅰ. ①全… Ⅱ. ①乔… ②尹… Ⅲ. ①国际金融—金融监管—研究 Ⅳ. ①F831

中国版本图书馆 CIP 数据核字（2018）第 161401 号

组稿编辑：宋　娜
责任编辑：范美琴
责任印制：黄章平
责任校对：赵天宇

出版发行：经济管理出版社
　　　　　（北京市海淀区北蜂窝 8 号中雅大厦 A 座 11 层　　100038）
网　　址：www. E-mp. com. cn
电　　话：(010) 51915602
印　　刷：三河市延风印装有限公司
经　　销：新华书店
开　　本：720mm×1000mm/16
印　　张：14.5
字　　数：212 千字
版　　次：2019 年 6 月第 1 版　　2019 年 6 月第 1 次印刷
书　　号：ISBN 978-7-5096-5900-7
定　　价：98.00 元

谨以此书献给莫里茨·厄尔哈特（Moritz Erhardt），这位年轻人在投资银行连续工作了 72 小时没有合眼，最终造成突发性昏厥而死亡。同时也将此书献给那些因金融服务的自私自利风气，导致个人或职业幸福以及财务状况被破坏的人。

谨希望此书对促进金融行业的发展有所裨益，使其拥有一个更好的明天。

目　录

第五章

资本充足率、流动性和杠杆比率：迈向《巴塞尔协议Ⅲ》············ 59

第六章

监管对实体经济可能造成的影响 ······························· 75

第七章

规范衍生品市场 ·· 81

第十章

银行和影子银行 ································· 129

第十一章

评级及审计机构 ································· 137

第十五章

全球金融监管的挑战

第十六章

监管与道德

导　言

我们必须面对这样一个现实，即金融业出卖了自己，失信于客户，也辜负了整个社会和公众的期待[1]。这一次，金融业本身变成了一种不稳定的因素。这一情况也为金融监管提供了一种截然不同的视角和方法。金融家们也许对此恨之入骨，但这新一轮的波动，的的确确是由他们的不负责任所引起的。

金融监管能以一种不破坏经济稳定的方式进行吗？在不求助于外部力量的情况下，金融业能解决自身存在的危机而不浪费纳税人的钱吗？金融业能重拾昔日所拥有的公众信任与名声吗？

巴克莱公司的首席执行官安东尼·詹金斯（Antony Jenkins）曾经说过，由于从操纵利率到向客户兜售他们并不需要的保险产品等这一系列丑闻的出现，使得重建人们对银行的信任变得无比艰难，有可能需要十年之久。"仅仅靠夸夸其谈是不行的，最重要的是实际行动"，詹金斯在BBC的《今日》栏目中说道，"因此在客户真正注意到我们做出改变之前，巴克莱重建信任的道路都不能算是正式开始"。[2]

过去50年里发生的各种金融危机[3]，对任何全球金融监管的努力都提出了挑战。美国国内的金融监管在阻止危机发生时的表现尚不尽如人意，全球范围内的金融监管更是挑战颇多，困难重重。

我们自然不能期待在一个动荡的世界里，金融业能独善其身保持稳定。需要指出的是，我们应该找到一种方式或方法，使金融业本身不会助长全球经济的不稳定性，以避免对实体经济造成不良影响。

21世纪以来，至少有20家金融机构依靠各种方式的救助才免于破产。

在没有欧洲干涉的情况下，斯洛文尼亚的银行会得到救助吗？距现在最近的一家——意大利西雅那银行的倒闭，也就是 2013 年初的事情。这家银行有 3000 个分支机构，33000 多名员工。

1472 年西雅那银行成立时，米开朗基罗尚未出世，哥伦布还没有发现美洲，亨利八世也还没有同罗马教皇决裂。

500 多年过去了，这家世界上最古老的银行在一桩丑闻中面临着将近10 亿美元的交易亏损。这迫使意大利政府再次采取措施，以保证西雅那银行及相关机构的稳定运营。[4]

意大利政府对此事的处理可谓慎之又慎，当时意大利国内的政治危机尚未平息，连意大利民主党也直接参与了对西雅那银行采取的即时救援。

即便是欧元区的其他国家已从经济低谷中走出，而意大利还在独自顽固地自掘坟墓。这个国家丝毫没有意识到沃伦·巴菲特（Warren Buffett）的那句座右铭：当你发现自己已然处在深坑之中时，最重要的就是停止挖掘。这真是一个悲剧。[5]

当雷曼兄弟没有得到美国及英国政府的救助，在 2008 年 9 月 15 日的那个周末申请破产的时候，美国国际集团正要步其后尘。最终，美国财政部、美联储及美国银行业的大批援助纷至沓来，才使美国国际集团免于破产。但雷曼兄弟倒闭了，正是这样一场看似平常的美国国内经济动荡，却成了全球危机的导火索（见图 0-1）。

15 个月后，2009 年 12 月，华尔街的金融动荡刚告一段落，希腊的债务危机又开始展现在人们面前。这使得整个欧洲，尤其是使用欧元作为通用货币的国家（即欧元区[6] 国家），陷入一场主权债务危机之中，其影响随后波及整个全球市场[7]。

就像本书将要阐明的那样，任何人都不会天真地以为这场债务危机已经完全解除了。在全球金融稳定及经济复苏的上空，依旧笼罩着重重阴云。日本、美国及欧洲现阶段的负债水平不可能一直维持，其背后所隐含的系统性风险，丝毫不比任何银行风险来得更低一些。

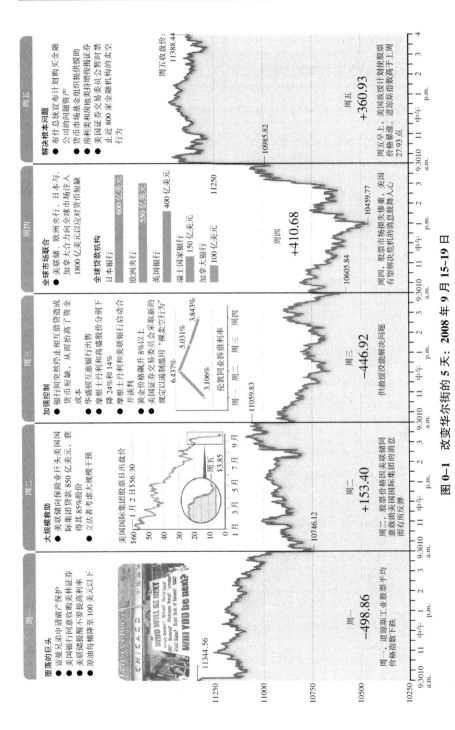

图 0-1　改变华尔街的 5 天：2008 年 9 月 15~19 日

资料来源：www.washingtonpost.com/wp-dyn/content/graphic/2008/09/20/GR2008092000318.html.

金融业会处于永久的危机中吗

每一轮新的金融危机来袭时，我们似乎总是不知所措。原因之一，可能就是我们倾向于这样看待金融业的历史，即虽然时有外部阶段性的干扰，但它仍然是一个稳定的整体。更进一步说，经济学家们也是如此对待那些历史数字的，他们从来不会将其与现有的异常情况作综合考虑。直到危机发生需要采取措施时，才悔之晚矣。

每次危机都会催生出一整套制度上或是监管上的新举措，然而并不是所有举措都是有效的。这些举措一定是正确的吗？我敢说就其本质而言，金融业并非从肇始之初就是充满动荡的。它更像是一块巨大的回声板，经济的、社会的以及金融的各种动荡在此交错回响。随着全球化以日益复杂之势演变，金融业所处的外部环境也更加的不稳定，因此金融市场绝不会处在一个安稳的状态中。

除了动荡的世界局势会对全球市场造成影响外，投资者也对一系列的金融动荡揣测颇多。更为重要的是，他们的预期最终也会对世界经济造成影响。

全球市场是一个相互联系的整体

国际货币基金组织（IMF）是这样总结这种相互联系的状态的：

国家间是通过金融业联系在一起的，这种联系主要是通过主权国家、金融机构及公司的资产负债管理策略实现的。金融的全球化在给各国带来利益的同时，也使经济变得更加脆弱。尤其是个别市场的资金损失及阻滞，会快速演变为全球范围内的资产重组。[8]

全球的金融体系相互联系所形成的框架，使得其更容易受到系统风险的危害。这也意味着对全球金融的监管要持之以恒地继续下去。

国际货币基金组织（IMF）所给出的图充分说明大型复杂金融机构

（LCFIs）之间的这种联系，如图0-2所示。

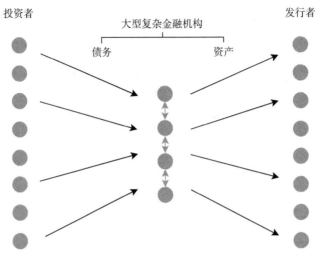

图0-2　处于全球金融体系中心的大型金融机构

资料来源：www.imf.org/external/np/pp/eng/2010/100410.pdf.

金融监管不能仅仅忙于应付一波又一波的危机，而应把握住最为重要的部分，即致力于为全球金融稳定提供一个大的框架。

时任美联储主席的本·伯南克（Ben Bernanke）在雷曼兄弟破产的两个月前曾指出，美国的金融体系一向充满活力及创新精神，如何在不对此造成损害的前提下，使其更具稳定性，是监管者必须要慎重考虑的问题。[9]

他在一次会议上的讲话说明了贝尔斯登的倒闭有多让人吃惊和难以忍受，也解释了美联储在摩根大通收购贝尔斯登的行为中扮演的重要角色。

通过分析，我们联邦储备委员会——同时还有证券交易委员会和财政部的同事们——有理由相信，目前金融市场已经承受了巨大的压力。如果此时还任由贝尔斯登公司破产的话，肯定会对金融体系及经济发展带来极为不利的影响。尤其是对一些重要的特定担保融资市场和衍生品市场，其破产可能会引起致命的打击。这还有可能会引发挤兑现象，从而对其他的金融公司不利。从保护金融体系和经济的角度出发，美联储最终促成了摩根大通对贝尔斯登的收购。[10]

这种行为其实对监管机构收集相关数据的能力要求颇高，更为重要的是，监管机构还要对潜在的金融发展趋势做出预测，以避免系统性风险的发生。2007 年 8 月 9 日，时任北岩银行总裁的亚当·阿普尔加思（Adam Applegarth）就曾准确地描述了银行出现的首次信贷紧缩。[11]

由于美国次贷危机很快波及欧洲，因此美联储和欧洲央行在 2007 年 8 月 10 日立即进行了第一次较大规模的干预。为防范潜在的金融危机，欧洲央行紧急注资 948 亿欧元（1310 亿美元）。美联储也超出市场的预期，往现有储备中额外注资 312.5 亿美元。美联储和欧洲央行选择在同一天进行干预，是因为德国和法国的两大金融机构——德国工业银行（IKB）和法国巴黎银行（BNP）同时受到了波及。

法国巴黎银行决定暂不接受针对投资基金的补救。

法国巴黎银行决定暂不接受针对旗下三项投资基金的补救，在其 2007 年 8 月 9 日发布的声明的开头，出现了"2007 之痛"这一别名。这一称谓强调了金融危机在其后一年多的时间内直接导致实体经济严重衰退。[12]

对德国工业银行的救助则非常富有戏剧性。可能在董事会并不知情的情况下，德国工业银行的管理层在其核心业务——向德国公司提供长期贷款——之外，在爱尔兰开展了一些具有投机性的活动和业务。这些活动和业务对外部金融环境的依赖相当大（就像那些不是致力于积累储户存款的消费机构一样）。

同一周，德国政府决定对其进行救助。通过德国复兴信贷银行，德国政府成为工业银行最大的股东。2008 年的时候，工业银行一度需要一轮 20 亿欧元的新注资，[13] 最终被孤星基金（Lone Star）——一家致力于在全球收购不良资产的投资基金收购了。[14]

危机中的全球金融监管

金融业可能是这个世界上受监管最多的行业。自 1929 年以来，为克服历次金融危机，人们制定了各种各样的规则，创建了不同的机构，金融监管体系的构成也不过是这些规则和机构的叠加而已。

这个世界就好比是一座火山。地质构造的力量使得板块之间碰撞的力量加强，岩浆暗涌。人类为了避免危机的重演而在制定新规则方面付出的努力，有助于更好地理解和监管当前全球力量对金融系统的影响。这实际上同火山学家们的工作没有什么区别：监控那些可能引起火山爆发的外部力量，然后采取相应的措施减轻爆发所造成的影响。

这种结构上的不稳定实际上传达出了一种实实在在的信息，即我们不能够期望，亦不能预测金融业较之其他行业会更稳定，或是给这个世界提供稳定的因素。毕竟，当初参加金融稳定论坛（FSF）的各国中央银行的最具智慧的精英和专家们也没能预测到危机的到来。[15]

尽管之前许多次金融危机带来了破坏，国际货币基金组织（IMF）和金融稳定委员会（FSB）依然没能成为全球金融的监测器。我将这种监管视作一个巨大的、相互联系的信息技术系统（IT），它有能力收集到哪怕是极小的危机爆发的信号，并侦知这些信号之间的内在联系和统一性。

在很大程度上，对全球金融稳定方面的管理还处在四分五裂的状态，不协调的因素还很多。然而，美联储和欧洲央行都设置了相关机构，来监测各自区域内与金融相关的系统性风险。

在这种情况下我们就必须明白，监管者最先考虑的是如何确保自己不招致批评，如何使自己免于承担责任。他们最关注的是可审计的标准，这样他们可以最大限度地减少评估，也就不用为此采取相应措施。保持一致总比坚持真理要好。他们应该致力于做出正确的事情，但是在政治环境施加的压力下，他们被误认为拥有掌控金融危机的能力。这是极其危险的，对于他们的将来而言，也是危害极大的。

重叠复杂的监管

这种彼此间的不协调对于金融业的未来而言肯定不是什么好事。但是相比较而言，对金融业危害更大的是冗杂重叠的机构及其颁布和实施的一系列规章条款。

自美国金融危机爆发以来，人们已经愈发清醒地认识到人多手杂带来的只能是灾难性的结果。更进一步说，各个机构都对自己掌握的数据信息讳莫如深，对危险性信号的综合处理更是无从谈起。

金融稳定委员会^[16]作为2012年生效的多德—弗兰克法案（DFA）的一部分，在美国财政部的促成下，共有22位监管者参与其中。即便如此，针对前文所述的难以解决的重叠监管网，他们也并没有做出什么实质性的探索。

在多德—弗兰克法案确立的金融监管框架中，金融稳定委员会（FSOC）仅仅是一个咨询机构。这一新的金融监管框架混合了若干旨在处理系统性风险的政策工具。金融稳定委员会（FSOC）的作用在于促成金融监管部门之间展开对话沟通、收集并评估相关数据以便对系统性风险进行监测，以及向美国联邦储备委员会指明，哪些金融机构和金融市场主体应被列入审慎性监管的范畴。如果一个隐蔽性的非银行金融机构处在破产的边缘，且被认定其有可能对金融稳定造成威胁，那么在特定情况下，它可以不经由正常的申请破产程序，而是由联邦存款保险公司着手解决。如果某些条款会造成系统性风险，金融稳定委员会在特定的情况下也可以废止一些针对消费者保护的金融监管条款。^[17]

这种机构的重叠性带来了许多意料之外的结果，其中就包含权责的不明确以及监管的四分五裂，同时信息分散、不负责任的行为处处可见。

这对于金融机构来说也是一种不必要的负担，尽管它们可以通过监管套利获取意想不到的好处。这种局面使得它们可以选择阻力最小的方式表达自己的诉求。最近发生在摩根大通CEO杰米·戴蒙（Jamie Dimon）和美国联邦委员会前主席保罗·沃尔克（Paul Volcker）之间的激烈争论就是一个绝好的例子，充分说明了银行业是如何试图利用监管机构的错综冗杂性的。

杰米·戴蒙（Jamie Dimon）曾公开宣称其管理的摩根大通在对冲基金中亏损了20亿美元，这一数字令人震惊。就在宣布这一结果的几周之前，他曾在福克斯新闻中批评沃尔克法则，指责其通过联邦明确禁止银行进行自营性交易。[18]

该事件以摩根大通最终亏损 60 亿美元而收场，这还没算上诉讼费以及那张 9.2 亿美元的罚单。杰米·戴蒙（Jamie Dimon）将其形容为小题大做。[19]

全球金融监管会"泛美国化"吗

全球监管具有的这种复杂性，加上欧洲难以提出一个协调、可执行的银行监管方案以及亚洲在全球监管讨论中的缺席，为美国提供了一个契机，使其可以将自己的监管模式推广到整个世界。

对于此事（指将自身的监管模式推行到其他国家或是国外机构），美国自然不会有任何的不好意思。这种超越所辖范围的侵入实际上与国际私法的基本原则是相冲突的，但与美国一直以来的关注却丝丝入扣。

近来，针对国家安全局（NSA）滥用职权一事，白宫方面仍给予否认，但这却极大地损害了美国法治社会的美誉。

在奥巴马总统即将开始为期 17 天的夏威夷之旅前，白宫方面明确表示总统在度假期间为了得以暂时从工作压力中舒缓过来，只会读一些适合阳光沙滩的休闲小说。同时他也会仔细研读一份刚收到的 300 多页的报告，这份由诸多高水平专家操刀的报告，内容为如何控制政府实行的那些富有争议的监管程序。[20]

全球监管规则是由美国主导的，尽管还不确定其是否一定适用于一般规范。美国拒绝多边形式的监管，无论是来自联合国的海牙法庭还是其他形式的裁决。

最近延伸到各国有别的税制方面。美国是世界上唯一一个使用全球税制的国家（即任何地方的美国公民都要纳税），美国最高法院对此说明得相当清楚：

换言之，原则上政府自成立之日起即有保护公民及其财产之义务，因此亦有使其具有完整意义之权力。若以其他方式表达，税收权力行使之基础，不应取决于公民财产所处何地，亦不可取决于公民住所所处何地，是否在美利坚合众国境内。税收权力行使之基础，应取决于其人同合众国之公民关系。[21]

最近，在"海外账户税收遵从法案"（FATCA）的规定之下，美国开始要求国外的银行提供客户信息。这似乎没有给其他方带来任何麻烦，也没出什么差错要诉诸法律，但抛开美国政府对其他国家的胁迫不说，这一做法也的确影响到了其他国家的额外税收。[22]

就监管而言，美国法律体系的扩张尚有许多值得思考的地方。《巴塞尔协议Ⅲ》将会是非常有意思的案例，但受到最直接影响的还是在美国的那些大银行。对于德意志银行、瑞银集团以及其他大型银行而言，衍生品监管的推行、资本充足率以及沃尔克法案会使美国的法律体系成为通行的准则。只要这些银行还在美国运营自己的业务，它们都可以被列为"具有系统重要性的金融机构"（SIFIs）。

尽管一度批评指责这种做法的声音很响亮，但不得不承认在金融危机过后，美国采取了许多具有首创性的监管举措。较之欧洲和亚洲，其方式也更为迅捷和果断。姑且不论其影响如何，但这些举措使得美国获得了掌控者的角色。正如哥伦比亚大学法学院教授约翰·科菲（John C.Coffee）所说的那样：

他们之间的双边谈判（尤其是美国和欧盟之间），以及对治外法权的坚持形成了现实所必需的监管。这使得那些流动性比较强的金融机构无所遁形，之前的监管不力也不复存在了。最终，这些境外管辖形式的设置（美国和欧盟现在已经完成了这一步）会进入向正式的国际"软法"发展的过渡阶段。但是，如果这些东西缺失的话，整个金融系统和普罗大众肯定还会再一次陷入悲剧的深渊。[23]

2014年2月18日，美联储颁布了新的规则，这些规则适用于在美国经营的外国银行。[24]

数天之后，英国《金融时报》报道了德意志银行宣布正将其资产负债表中美国的部分削减25%，即1000亿美元。这又一次引发了国外银行撤资会对美国市场及其资本流动性产生何种影响的讨论。

促进全球监管的一致性

在机构重叠复杂的体系内，监管方面出现不协调的情况也是在情理之中。无论是在美国还是在欧洲，金融监管都是竖井式的结构，同时还有一个磋商系统，这个系统更多的是对金融产业的一些部门产生影响。

如果将整个金融系统比作一片丛林的话，那么每个监管机构就像是一棵棵的树。前文提到的监管规则使得每棵树都只是在努力争取自己的阳光和水分，没人会去注意一致性的问题。但实际情况是，监管规则应该达到这样的一个层次，即从水平方向上去注意监管是否具有一致性。

许多国家的金融监管缺少立法行政程序。许多国家通过行政程序确立立法合法性，这种程序着眼于国家制定的一些法律是否符合宪法精神以及是否具有一致性。在欧洲和美国，需要有一个行政裁决，来确定诸多新实行的金融监管举措是否具有一致性和连贯性，这种需要已经变得相当迫切。

在复杂的金融监管网中，引路领航已经成为许多律师事务所的主要业务。监管者一般是律师出身，在金融监管部门工作一段时间后会选择在律所或监管机构的法律部门工作到退休。彭博就曾估计整个美国在金融危机期间在法律方面的花费高达 1000 亿美元。[25]

我们很难期望金融监管可以更好地保护我们，使金融动荡不再发生，监管变得更加协调。这就充分解释了为什么每次新的金融危机不期而至时，我们所采取的措施或多或少都有些急就章的味道。更为糟糕的是，以欧债危机为例，政府采取的一些措施与相关的法律法规完全背道而驰。[26]沉船在即，谁还会在乎合法不合法的问题呢？

然而，希腊和塞浦路斯的前车之鉴，对欧洲各国政府的影响还会持续很长的一段时间。在以后的进程中，当需要履行相关的责任时，他们应该不会只是靠政治手段来代替了。毕竟，置法律于不顾，也就损害了公众对自身的信任。

监管者与被监管者：充满矛盾的组合体

当上级部门责怪监管者的时候，无论此处的上级部门指的是政府、议会还是公众或媒体，监管者都会变得更加无所适从、怒不可遏，从而同金融机构的关系变得剑拔弩张起来。这样说来，监管者同金融机构之间总是难以展开必要的对话，也就不足为怪了。

监管者有时会以合法化的名义去怀疑金融机构的所作所为，他们的做法看似是可接受的建议，实则是为下次危机自掘坟墓。当美国的投资银行向美国证监会（SEC）要求更大范围的举债经营，好让自身在同国际银行的竞争中脱颖而出时，他们最终也得到了想要的结果。这种做法所要付出的代价仅仅是向证监会提供一份相关的详细报告，事实上这类报告从来就只是一种摆设。这一监管方面的重大失误也足以说明，雷曼兄弟的破产绝对不是偶然的。

这二者之间还有一个更深层次的区别：金钱。仅仅领着国家公务员收入水平薪资的监管者，每天却要同日进斗金的金融公司总裁或是法律事务所的合伙人打交道。这种金钱的差别造成了一种与常理有悖的结果：我们不能指望监管者完全有能力准备好或是胜任自己的工作，毕竟他们的监管对象是法律行业内的各界精英。这种不平衡尚未付诸公开的讨论，但足以解释一些误解。

在我看来，这取决于受监管的金融机构，它们应当将自己的信息和建议反馈给监管者，好让监管者能够更好地理解和监管自身正在从事的活动以及正在经营的产品。金融机构要对这些活动和产品负责，而仅对监管者实行的措施提出异议是不够的。金融机构必须要有能力提出实质性的意见和建议，以方便监管者更好地理解和监管。

监管能够在法律许可的范围内公平地按监管程序进行，这种愿景能够实现吗？银行还在不断地融资，其金额常以百万计，至少从这一点来看，能否实现前文所述目标，依然是存疑的。

金融监管势在必行

金融危机的发生证明了，自律监管必定是一条死胡同。

无论金融机构是否喜欢这种说法，但它们的自律监管就是在玩俄罗斯轮盘——漫天下注，然后期待一个好的结果。而事实上是，它们最终满盘皆输。监管者和政治家痛定思痛，才意识到还不能对金融机构完全委以信任，因为金融机构还不足以谨慎到完全可以正确地处理自己经营过程中的风险。

真正高层次的监管不应包括金融机构自身的监管者和风险管理者，哪怕是一些细微的风声也不能让他们得知。这适用于不同的国家，但在创新金融领域尤其如此。更为恶劣的情况是，赌注下得越大，随后赢得的东西也就越多。无论是基德尔皮博迪和所罗门兄弟被并购，还是贝尔斯登、美林证券以及雷曼兄弟的破产，都只不过是《华尔街的贪婪与荣耀》[27] 驱使下的《说谎者的扑克牌》[28] 游戏。

金融业需要强有力的监管，也需要铁腕监管者。这涉及法律、金融、人力资源管理和领导学。人们对金融的信任已经不复存在，甚至在某些实质性的领域，公众和媒体一旦提起万恶的"金融犯罪"，都会恨之入骨。

信用卡附带的高额利息，对伦敦银行同业拆借利率（LIBOR）的操纵以及"伦敦鲸"事件时刻在提醒我们，即便是最负盛名的金融机构也会在侥幸心理的驱使下越过法律底线去犯罪。这是公众信任和银行声誉的极大缺失。我进入银行工作时，以上两点曾在银行间调解以及最大程度保障社会和客户利益方面发挥重要作用。这种努力使得银行可以很好地扮演自己的角色，并从最有利于客户和社会利益的角度出发进行调解。但这样的日子已经一去不复返了，重塑声誉是一项复杂而艰巨的事业，但绝大多数金融机构似乎还没有在紧迫感的驱使下开始做出这样的努力。

雷曼兄弟破产五年后：监管依然未能改变金融文化

电影《华尔街之狼》时刻提醒着我们，有些行为有时可能是犯罪，而这些行为依然主导着金融服务领域的一些重要部分。夸张一点说，其带来的恶劣影响可能需要金融业费上九牛二虎之力去消除。

雷曼兄弟破产五年来，在经历了努力制定规则、政治上喋喋不休的争论以及银行改革之后，我希望能有一个乐观的解决方案出现。但现实是金融文化本性难移。与之前的傲慢自大、不负责任、威逼恐吓、自私自利相比，丝毫没有改变。《时代周刊》在其 2013 年 9 月 23 日的头版声明中直言不讳："华尔街是如何胜利的：金融改革之谜——经济崩溃五年后，现在卷土重来。"[29]

我们姑且来看一下原因，自雷曼兄弟破产后，又有几桩丑闻对国际金融市场造成了影响，其中尤以肇始者为最，即伦敦银行同业拆借利率（LIBOR）危机。[30]

问题又一次回归到了最根本的道德准则和自然法则上：相关个体应该负起责任来。如果没有那么多的犯罪行为和违规行为发生，整个金融业内的不和谐不会归咎到个人、管理层或是董事会的错误做法上去。

雷曼兄弟破产后，又出现了其他的欺骗行为：伦敦银行同业拆借利率（LIBOR）危机、西雅那银行倒闭以及"伦敦鲸"事件。五年过去了，对抵押贷款市场的不规范行为的处理也依旧悬而未决。

违法文化

在昨天的工业会议上，纽约联邦储备银行总顾问巴克斯特·托马斯（Thomas Baxter）对银行家们说："需要进行文化风气的转变。""你们需要将精力集中在做出示范，没有什么能像围幔一样只要挂着就能吸引注意力。人的能力如何被提升、如何升职？这才是传递信息的有力方式。"[31]

一部分金融文化，特别是暗箱操作，纯粹是丑陋不堪。

一项由拉巴顿·苏查罗（Labaton Sucharow）律师事务所进行的调查表明：超过 1/3 的年轻受访者（工作不足十年或是刚满十年）认为那些金融家想要成功需要有越过道德边界甚至是违法的行为。

有趣的是，受访女性认为这种情况更为严重。女性比男性更相信同事和竞争对手会忽视行业专家的不当行为。值得注意的是，如果女性举报不当行为，她们害怕受到报复的可能性几乎是男性的两倍。[32]

欺凌、性骚扰、男权主义和其他原始本能继续主导金融界。用一位从事金融工作的女性管理顾问的话来说，"对女人来说，只有一个选择：要么简单，要么复杂。"

那些有个性的、正直的人会被自动认为是"复杂的"。酒精和毒品依然是交易员和销售主管的生活重心。暗箱操作可以比作学校操场，唯一的区别在于有无监管。

"善良是被排除在交易室外的，也许是，也许不是。"迈克尔·刘易斯（Michael Lewis）在《说谎者的扑克牌》中写道。他曾就职于 20 世纪 80 年代证券交易业领航者的所罗门兄弟。"金融业的指导原则很简单，即无节制地追求私利是正常合理的。"[33]

金融监管者是有自诩条件的，毕竟他们掌握着货币流动。他们不敢将道德标准强加给大公司。但他们是金融业世风日下、脱离客户需求的坚定支持者。对这种通过大肆挥霍金钱来"拉拢"人心的现象，高管们的责任就是视而不见。而这种熟视无睹应遭到质疑。

从长远来看，改变局面的重点是如何改革主流银行。这些银行的金融交易员为了牟取利益，会篡改准官方指数，于是就听到一个交易员对另一个交易员说："老兄，欠你个大人情！改天一起开香槟庆祝。"[34]

董事会不会关注此类行为，而且没有一家大型金融机构要求对员工的品行进行审计。除非对薪酬体系和资本市场活动的治理有所改进，否则即使在监管方面做得再多，效果也微乎其微。

最引人注目的案例发生在 2012 年的伦敦，一名实习生在连续工作 72

小时后死于癫痫发作。

美林银行实习生莫里兹·埃哈特（MoritzErhardt）在死亡前的一周连续工作，在加班后的某个清晨，他给父母和同事分别发送了一封电子邮件。

昨天，一位伦敦警官在验尸后说，8 月 15 日，这位 21 岁的青年在洗澡中死于癫痫发作。埃哈特的父母和同事们说，即使熬夜到早上 5 点，他也从来没有抱怨过他的工作量。[35]

这个案件是否会让管理者被判入狱或被处以严重罚款，以建立一种责任感和懂得尊重的文化？有一点是肯定的：银行的管理方式和董事会是这种违背伦理的合法人际关系标准的帮凶。

我永不言弃

当我决定接受写这本书面临的挑战时，芭芭拉·史翠珊（Barbara Streisand）的励志歌曲《我永不言弃》[36]，出现在我的脑海里。

在这种情形下，放弃是具有很大的诱惑力的。毕竟，公众早已对监管会使银行家和金融家变得诚实起来不抱希望。对于道德准则，这些人弃之如敝屣，还为此浪费精力写一本关于全球金融监管的书干什么呢？

事实其实很简单：全世界有上百万的金融和银行从业者，他们依然是诚实的，更希望生活在一个自己可以引以为傲的行业中。这倒不仅仅是因为金融业以往有过的良好表现或是成功，而是因为其自身的价值。无论他们是简单的从业者或律师，他们都在整个复杂的监管网中占据一席之地。

写这本书的经验，主要来自任职于公共、半公共或是私人金融部门的经历，同样也有在哥伦比亚大学法学院执教的经历。[37] 本书之目的，在于帮助相关专业人士以及公众更好地了解金融世界，推进金融业向更好的方向发展。

在这种挑战下，本书并不希求包罗万象。更准确地说，本书只是聚焦于推动金融发展的核心力量以及一些关键领域。基于实践中存在的真实情况，本书也会论证那些不利于达成相关目的的规则或监管措施。

本书中那些故作高深的专业术语并非有意为之。金融监管本身就是一种竖井式的结构，协调一致的情况出现得不多，更不用说这种非有意而为之的结果了。借用一句法国谚语来表达，这样做就像是"用大炮去杀死一只蜜蜂"。

这项巨大任务的目的只有一个：帮助读者在探索金融监管的道路上走得更远，为更深层次的研究抛砖引玉。同时，陈述出相关的难点及可能的法律解决方案。读者在每天面临这些难点和方案的过程中，可能会对这些令人气馁和却步的任务做出一些贡献也未可知。我也希望那些政策的制定者、银行家、学者、学生、公司总裁以及投资者在本书中能发现一些有用的想法，从而改善本地的金融环境。倘若能对改善全球金融环境有所裨益，则为上佳。

本书也献给那些在污浊环境中保持诚实的金融从业者和监管者。他们拒绝腐败，选择将自己的一生或是其中很大的一部分奉献给金融业，努力使金融业保持为客户服务的宗旨，而非高层赚取钞票的机器。

如果银行的客户，无论是个人还是企业的，在与其开展业务之前都会考虑一下银行的口碑和声誉，而非事后的命令或援助，这样肯定会更好一些。

注 释

[1] 乔治·尤盖斯（Georges Ugeux）：《对金融的背叛：12 种恢复信心的方法》，纽约，伽利略全球研究所，2011 年 9 月，第 295 页。www.amazon.com/The-Betraya-Finance-Georges-Ugeux/dp/125776943X.

[2] www.bloomberg.com/news/2013-12-31/barclays-s-ceo-say-rebuilding-trust-may-take-10-years.html.

[3] http://en.wikipedia.org/wiki/List_of_banking_crises.

[4] www.reuters.com/article/2013/01/25/us-montepaschi-derivatives-profile-idUSBRE90O0R820130125.

［5］埃里克·赖古伊（Eric Reguly）：《意大利经济困境对欧元区的威胁》，《环球邮报》，多伦多，加拿大，2013 年 11 月 1 日。www.theglobe-andmail.com/report -on -business/international -business/european -business/i-talys-economic-woes-pose-existential-threat-to-euro-zone/article15224210.

［6］欧元区共有 17 个成员国。所有成员国都为欧元放弃了本国货币。www.eurozone. europa.eu/.

［7］埃里克·赖古伊（Georges Ugeux）：《希腊危机见证了欧元的疲软》，《赫芬顿邮报》，2009 年 12 月 21 日。www.huffingtonpost.com/georges-ugeux/greece-evidences-the-weak_b_393972.html.

［8］国际货币基金组织：《理解金融的关联性》，华盛顿。www.imf.org/external/np/pp/eng/2010/100410.pdf.

［9］［10］本·伯南克（Ben Bernanke）：在联邦存款保险公司论坛，主题为"低等和中等收入家庭的住房贷款"，阿灵顿，弗吉尼亚州，2008 年 7 月 8 日。www.federalreserve.gov/newsevents/speech/bernanke20080708a.htm.

［11］吉尔·特雷纳（Jill Treanor）：《2007 年 8 月 9 日的信贷紧缩——改变世界的一天》，《卫报》，2011 年 12 月 1 日。www.theguardian.com/business/2011/dec/01/credit-crunch-pinpointed-august-2007.

［12］约瑟夫·S.特雷西（Joseph S. Tracy），纽约联邦储备银行执行副总裁，《联邦做了什么以及为何而为之》，在维斯切斯特县银行协会的演讲，柏油村，纽约，2010 年 6 月 25 日。

［13］约翰·S.唐奈（John O'Donnell）、帕特里夏·南（Patricia Nann）：《受次货危机冲击的德国工业银行的第三次救助尝试》，《路透社》，法兰克福，2008 年 2 月 8 日。www. reuters.com/article/2008/02/08/us-ikb-rescue-idUSWEB456520080208.

［14］卡特·多尔蒂（Carter Dougherty）：《孤星基金以较大折扣收购了德国工业银行》，《纽约时报》，2008 年 8 月 21 日。 www.nytimes.com/2008/08/21/business/worldbusiness/21iht-bank.4.15525666.html?_r=0.

［15］恩里克·卡拉斯科（Enrique R.Carrasco）：《全球金融危机和金融

稳定论坛：一个全球实体的衰落与转型》，爱荷华州大学。www.uiowa.edu/~tlcp/TLCP%20Articles/19-1/carrasco.finalfinal.mlb.022510.pdf.

［16］有趣的是，国会由财政部而非美联储掌管，这些信息在财政部的网站都是可以直接获取的。www.treasury.gov/initiatives/fsoc/Pages/home.aspx.

［17］www.bbc.co.uk/news/business-24159801.

［18］http：//talkingpointsmemo.com/dc/volcker-to-dimon-just-give-up-your-banking-license-and-we-re-cool-video.

［19］www.marketwatch.com/story/dimon-london-whale-issues-tempestin-a-teapot-2012-04-13-937450.

［20］www.thedailybeast.com/articles/2013/12/31/Obama-s-defining-fight-how-he-will-take-on-the-nsa-s-surveillance-state-2014.html.

［21］www.irsmedic.com/2010/12/04/the-history-of-universal-tax-juris-diction/.

［22］http：//clsbluesky.law.columbia.edu/2013/06/19/should-lex-ameri-cana-be-universal-fatca-turns-foreign-banks-into-tax-informants.

［23］约翰·C.科菲（John C.Coffee）：《不受监管的金融规则：为什么外星人不能回家》，《哥伦比亚法律与经济第459号工作报告》，2013年10月。http：//papers.ssrn.com/so13/papers.cfm？abstract_id=2347556##.

［24］www.federalreserve.gov.newevents/press/bcreg/20140218a.htm.

［25］www.bloomberg.com/news/2013-08-28/u-s-bank-legal-bills-ex-ceed-100-billion.html.

［26］乔治·尤盖斯（Georges Ugeux）：《塞浦路斯：保险存款的神圣性发生了什么？》，哥伦比亚大学法学院蓝天博客，2013年3月21日。http：//clsblueshy.columbia.edu/2013/03/21/cyprus-what-happened-to-the-sanctity-of-insured-deposits/.

［27］肯·奥莱塔（Ken Auletta）：《华尔街的贪婪与荣耀：雷曼兄弟破产》，纽约：兰登书屋1986年版。此篇由《纽约时报》作者执笔，内容是关于雷曼兄弟第一次宣告破产的绪论。

［28］迈克尔·刘易斯（Michael Lewis）：《说谎者的扑克牌——华尔街的投资游戏》，玛卡姆，安大略湖，企鹅出版社，加拿大。此书描述了所罗门兄弟公司运转模式对其执行总裁——约翰·古弗兰（John Gutfreund）的破产具有深远影响。花旗银行最终收购了所罗门兄弟，并将它作为一个以投资固定收益为主导的公司。

［29］拉娜·福鲁哈尔（Rana Foroohar）：《金融改革之谜》，《时代周刊》，2013 年 9 月 23 日，第 29-39 页。http：//content.time.com/time/covers/0，16641，20130923，00.html.

［30］关于此次危机英国广播公司试图以极其简洁的语言解释。www.bbc.co.uk/news/business-19199683.

［31］www.bloomberg.com/news/2013-11-22/n-y-fed-s-baxter-says-bankers-need-punishment-to-shift-culture.html.

［32］《华尔街之狼：20 世纪 80 年代的女性与性骚扰》，《时代周刊》。http：//entertainment.time.com/2013/12/30/what-the-wolf-of-wall-street-is-missing-the-women/#ixzz2pAEgn2ku.

［33］［34］www.ft.com/intl/cms/s/0/da40a9d8-c4fb-11e1-b6fd-00144fe-abdc0.html#axzz2oX3RhPnk.

［35］本·沃施斯基（Ben Woshinsky），2013 年 11 月 22 日，彭博资讯，http：//bloom.bg/18UeJyr.

［36］芭芭拉·史翠珊（Barbara Streisand）：《我永不言弃》。全文见于 www.vagalume.com.br/barbra-streisand/never-give-up，演唱版本见于 www.youtube.com/watch?v=CWx01SVWaKs.

［37］http：//web.law.columbia.edu/courses/L8138#.UrtrLPZRZdc.

第一章

金融监管的多重目标[1]

"全球化要求我们在行为上协调一致，否则就会导致各行其是、四分五裂、监管套利，甚至于竞次行为。我们刚刚就此达成一致……以深入探讨如何在全球层面上，在金融监管方面协同合作。"

——引自国际证监会组织秘书长大卫·莱特（David Wright）

本书并非要囊括金融机构监管的方方面面，本书所关注的范畴，只是其中特定的一些问题。这些问题不仅同金融机构的生存休戚相关，还危及了一些更为重要的领域，这些领域内的金融动荡，会直接威胁到世界经济的稳定。

与金融机构监管相关的法律法规不仅数目众多，而且内容极其复杂。参与其中的主体必须明白，处在货币流通甚至是货币创造领域的中心环节，他们的行为必须合法，其造成的影响亦不可被放大，而应趋于温和适中。

诚然，与金融机构监管相适应的法律法规已经取得了许多预期的成效。但这些举措有时也被诟病，被认为有越权之嫌。2008 年世界经济危机的影响尚未消弭，在一些特定地区，随着事态的发展，人们开始关注这场经济危机所带来的后果。欧洲地区自然不能例外，再加上欧债危机时制定的有关金融监管的条条框框，使情况变得更加复杂。

尽管如此，为了解这些金融监管的动态变化，还是应该不忘初心，去看一下这些监管的核心目标是什么。就此而言，我们先研究权威人士认可的多项目标，进而思考金融监管的要素是什么。普林斯顿大学的阿兰·宾德（Alan Binder）教授在其出版的一篇文章中，是这样总结金融监管的核心目标的：

我认为无论何种金融监管，都是出于以下四种原因的考虑，这四种原因在本文中都占据重要地位：

（1）消费者保护：即保护消费者免于反竞争性行为（以及由此带来的过高价格）、假冒伪劣商品和欺诈行为的危害。以及保护消费者免于因自身原因而上当受骗，虽然这一点仍富有争议性。

（2）纳税人保护：政府用纳税人的钱为金融机构构筑安全网，对这方面的花费必须加以限制。在许多国家，对金融机构进行紧急财政援助花去大量纳税人的钱，这样的例子比比皆是，引人注目。事前纳税人保护通常包含预防和防止道德风险。事后纳税人保护涉及的，除其他方面外，还有像最小成本清算方案一类的规定。

（3）金融稳定：保护金融系统的稳定，使其免受多种系统性风险的影响。这些系统性风险的导火索可能是具有传染性的竞相挤兑行为，或是金融监测方面出现故障，抑或是大的金融机构的破产和倒闭。这些金融机构要么尾大不掉，要么极易受到其他联系紧密的机构的影响而倒闭。当然，也有可能是由毫无关联的混乱状态导致破产。

（4）宏观经济稳定：要限制与金融动荡伴生的"溢出效应"给实体经济带来的负面影响以及/或者限制由于金融业外部性导致的金融动荡的蔓延和扩大。简而言之，就是要促进经济繁荣，缓解经济萧条。[2]

停止滥用纳税人的钱

新的银行监管机制的主要目的在于形成一种解决机制，以求在不使用纳税人钱的前提下，促进金融机构复苏。次贷危机中，美国和欧洲各国政府为援救相关银行而一再介入和干涉，这种行为所造成的后果也让绝大多数政府倾向于在金融体系内解决银行存在的问题（即依靠银行自救而非政府的紧急财政救援）。

正如奥巴马总统在 2009 年国情咨文讲话中所描述的那样：

我希望这些银行对自己这次受到的援助负起责任，既然用了纳税人的钱，就必须向纳税人提供更多的贷款。这一次，CEO 们再也不能用纳税人的钱为自己加薪，给自己的房子添置高档窗帘，或是直接坐上私人飞机消失得无影无踪。这样的日子一去不复返了……我们的职责就是要以负责任的态度去进行管理。我不会花纳税人的一分钱去奖励华尔街的某位主管，但会竭尽所能去帮助那些没有能力给工人发放工资的小企业，以及那些节俭度日却仍无力获得抵押贷款的家庭。[3]

这样一个宏伟而高尚的目标，仅仅依靠金融监管是难以实现的。金融监管所能提供的只是一个框架，供金融家们在其中进行操作，并在金融机构破产倒闭时决定如何救援。政府以及各中央银行如不能预见那些不平衡的现象，以及由此导致的一个或若干个金融机构的破产和倒闭，那么它们就必须采取一些紧急措施。

国际货币基金组织[4]每两年出版一次的《全球稳定报告》，抛开其他因素，如此看待金融领域的发展以及金融市场的稳定性。其序言是这样的：

如果这些政策方面的挑战可以被妥善处理，改革可以如预期稳步推进，那么我们就能够更加平稳地过渡到一个更具稳定性的金融环境中，也能获得一个更加健全、更有助于金融活动和经济增长的平台。但反之，假设这些改革举措——要想处理好上述重点强调的政策挑战所必要的改革措施——不能奏效，就会触发地区间的"溢出效应"，向更平稳的金融环境过渡的轨道也会发生偏离。[5]

美国国会预算办公室发布了一份这方面的报告，我们似乎可以从以下内容中找到一些好消息：2008 年实施的紧急财政援助计划，目标以应对 7000 亿美元问题资产为主。其中用纳税人的钱拨出款项用于救助使经济陷于危险边缘的金融机构的行为最终获得收益。对通用汽车的紧急援助花掉美国纳税人 100 亿~120 亿美元，远比预期的少。对 7000 亿美元的问题资产救助计划的花费也从 420 亿美元调整到 210 亿美元。[6]

保护散户、小额投资者以及存款人的利益

历史告诉我们，肆无忌惮的金融家们总是试图欺诈散户和小额投资者。由于投资者保护的目标尚未涵盖那些股民，这使得他们成为金融机构破产时首当其冲的受害者。而最为重要的，是先保护存款人的利益，主要通过制定一些保护小额存款的保险条例来实现。但在欧洲，这样一个已经获得立法支持的目标，却在最近被破坏得面目全非。就以"塞浦路斯救助案"为例，欧洲理事会置已经颁布的监管条例于不顾，公然建议对 10 万欧元以下的存款进行折减，使得受保护存款的神圣性不复存在。这一前车之鉴造成的风波一日不息，在存款人保护方面的努力就难以奏效，最后只能是无功而返。[7]

在美国，监管条款的主要目的在于保护小额投资者。其中合格投资者有条件购买其他金融工具。这些合格投资者包括：

（1）在购买时个人净资产或与配偶的联合净资产超过 100 万美元的自然人，但不包括其主要不动产的价值。

（2）在最近两年的任意一年内收入超过 20 万美元的自然人。在此期间与配偶的收入之和超过 30 万美元的自然人亦符合条件，但除此之外，该自然人还需有合理理由证明其本年度收入会维持在同等水平。[8]

而在欧洲，像这样同等的规定是缺失的。这也在很大程度上解释了为什么一些金融动荡——比如雷曼兄弟破产以及麦道夫的庞氏骗局案——在美国并没有殃及小额投资者，但在欧洲则为祸至深。

在欧洲并没有像美国那样"了解你的客户"的规则，要求投资行为要为客户量身打造。具体如下：

美国金融业监管局在"合宜规则"中明确阐明，公司及其相关业务人员在向客户推荐包括证券在内的业务或是为其制定投资策略时，必须有合理的理由让人相信这些业务或是策略是适合该客户的。这种合理的理由必

须是建立在公司及其相关业务人员充分了解客户的投资愿望和情况等信息的基础之上。[9]

并不是所有的金融产品都可以合法地出售给投资者。我们需要一个全球范围内通行的合宜规则，再辅之以国家和地区水平上的细致定义，才有可能确保肆无忌惮的金融产品销售商不再滥用自己手中的权力。

塞浦路斯危机告诉欧盟要去尊重那些10万欧元以下的受保护存款者的神圣利益。但同时，要考虑的事情又太多了。

在欧盟的规则之下，这个数量等级（指10万欧元）以上的存款必须接受折减，目的在于为银行自救出一分力。欧盟牺牲存款者利益的行为会给欧洲银行埋下祸根，因为大额存款者会犹豫是否再把钱存入欧洲的银行。

反过来，这可能使欧洲的银行变得更加脆弱，也增大了其对市场的依赖性。这种新的解决方案以及促进复苏的系统会带来许多意料之外的后果，虽是无心之失，但其中任何一种后果，都的的确确会让欧洲的银行在以后的竞争中处于下风。

确保市场和金融机构的透明性

金融危机仿佛一阵风暴席卷全球，使得有关重要信息的透明度和可用性问题备受关注，因为这些信息牵涉到市场和投资者能否及时对危机做出应对。应对的最终目标在于预防一些可控因素的爆发，以免造成系统性风险。欧洲证券市场管理局的主席在谈到该问题时毫不含糊地指出：

透明度会给市场的各方都带来好的效益，如提高其效率、使其能够良好地运作下去并最终为金融稳定做出贡献。这么说的话可能会引起人们的争论，因为市场既需要足够的刺激才能发展，也需要采取一些措施以促进自身日趋透明。然而，对于那些市场参与个体而言，信息的不透明却更能给他们带来利益，这使得信息不对称现象的发生更加容易了。决策的制定是以最广大参与者的利益为出发点，像这样的例子不可谓不典型。然而，就个体而言，能够刺激他们前进的要素显然不够。

因为一些措施和步骤的缺失，使得市场具备了自律监管的功能。除此之外，监管者在对待透明度方面也不能完全顾及普遍意义上的公众利益，他们要尽可能地降低前文所述的信息鸿沟的危害，不断提高透明度，以此来确保市场运行一直处在一个良性的状态。[10]

这一目标对于市场效率和投资者的信心而言非常重要。资本和证券市场的监管者所进行的这场——保证市场信息的真实性和透明度——持久战，还远未结束。然而，这一点至今尚未在全世界范围内达成共识。[11]

信任是建立在信息透明基础之上的。金融机构或市场不能一边寄希望于投资者的信心，一边又对实质性的风险讳莫如深。这两个考验同时存在于证券化进程和主权危机中。

采用真正能根据风险进行调整的薪酬体系

金融危机前，薪酬是不受限制和监管的。金融业中的薪金结构聚合了若干要素，足以影响人们应对危机的决策。任何资产和交易仓位风险预测的刺激都是不应被允许的。二十国集团（G20）首倡此议，2009年4月，在雷曼兄弟破产数月后，金融稳定委员会（FSB）发布了《稳健的薪酬制度的一些原则》。

这些原则旨在消除那些刺激要素的影响，以免引起不可控的风险，而这些风险很有可能来源于薪酬结构。这些原则并非要对个人薪酬的结构和水平做出特定的规定。[12]

欧洲则选择了另外一种方式，他们制定的新规则如下：

（个人）最高的现金分红不得超过分红总额的30%，一般较高数额的分红应该占总额的20%。如果比例超过了40%~60%，而投资又没有达到预期的话，则应该抑制这种做法或是使其恢复到合理水平。此外，分红中至少应该有50%需要被用来作为"应急资金"（这一名称最初出现在银行应急之中）。

奖金应高于一般的工资。每家银行都应根据各自的工资水平确定奖金的限额，在欧盟规定的指导原则的基础上，帮助降低金融业中由奖金导致的比例失调的总体现状。

最后，与奖金性质一样的津贴也应该纳入考虑范畴。那些额外的津贴必须作为应急资金在相关的文件中注明，这有助于增强银行的潜力。同样，这也有助于避免近期经常发生的情况，即有些银行工作人员虽然已经退休了，却丝毫不受经济危机的影响，实际上仍然领着数目可观的补贴。[13]

不幸的是，尽管这些规定在制定时的出发点都是好的，但是却最终都被引到了错误的方向。首先，他们关注的仅仅是奖金，原因是欧洲当局没有能力去调解薪酬，也就没有能力去影响全球的薪酬制度。这些规则带来的结果是，如果一家公司认定其要付给交易商 100 万美元，就必须要偿付个人高额的薪酬，会变相拉高其固定成本。

当立法者还在为投票通过而欢呼时，欧洲金融界的一些业内人士却在怀疑新出台的法律是否真的能够大范围地削减银行家的工资。分析人士警告说，许多公司会通过提高基本工资，增加公司精英们的收入，来避开新规则的限制。如此，虽然有所谓"奖金帽"的限制，但依然不能阻止他们拿到数以百万美元计的薪水。[14]

其次，至今还没有人尝试去协调薪酬与危机之间的关系。一位从事并购（M&A）的银行人士形容道，没有任何人像股票衍生品交易员那样对银行股票有如此严重的依赖。

不幸的是，欧盟委员会对此并没有给予足够的重视。在议会的压力之下，他们没能很好地调整薪酬制度，却选择了一条终南捷径，想当然地割断了薪酬制度与可能引起危机因素之间的关系。

正如达维律师事务高管薪酬集团的合作伙伴兼首席执行官埃德蒙德·T.菲茨杰拉德（Edmond T.FitzGerald）在其哈佛法学院的博客中所言，无论金融监管的体系多么严密，还是会给银行人士留下漏洞可钻的。[15]

防止银行存款流失

为了防止这种风险扩散对存款基础和消费者信心造成实质上的影响，欧盟委员会尝试着制定了一个欧洲通行的存款保障系统。虽然这一目标已经得到了广泛的共识，但是其定义却是相当地复杂。欧盟委员会负责单一市场的米歇尔·巴尼埃（Michel Barnier）委员曾就此事向诸多的专家请教过意见。在最终形成的利卡宁报告中有如下结论：

> 这种分离的核心目的在于确保银行集团，尤其是其中最重要机构（主要是与存款相关及向非金融机构提供金融服务的那些部门）的安全性，同时确保其尽量不从事高风险活动，以此来限制纳税人在银行集团交易所公开或私下持有的股权。专家组认为这种分隔有助于发现交易活动中最容易产生风险的部分，而这种风险又是瞬息万变的。

就银行业从事的活动是否应该分离的争论而言，这些可以说触及了问题的核心。同时，这也牵涉到银行是否应该联合起来的问题。因为银行之间的联合已经使得它们自身变得尾大不掉，而且难以监管和管理。我们在第八章还会对这种金融机构间的分离程度做更为深入的讨论。

最终的结果是，欧洲对存款保障的规定做了重新的调整，并将上限规定为550亿欧元。这一调整在2014年3月20日正式生效。

注　释

[1] 金融监管：金融机构如银行、券商以及投资公司有法律和规则管理。政府监管者或者国际组织制定这些规则以保护投资者利益、维护市场秩序和促进金融市场稳定。监管的范围包括为资本和经营行为设定最低标准、定期检查以及调查和起诉不当行为。《金融时报》检索网址：http://lexicon.ft.com/Term？term=financial-regulation.

[2] 阿兰·宾德尔（Alan Binder）:《它破产了，让我们修复它，重新思

考金融监管》,《国际中央银行杂志》,2010 年 12 月。www.ijcb.org/journal/ijcb10q4a13.htm.

[3] www.whitehouse.gov/the_press_office/Remarkes-of-President-Barack-Obama-Address-to-Joint-Session-of-Congress.

[4] 国际货币基金组织:《全球稳定报告》,2013 年 10 月,华盛顿特区,第 166 页。www.imf.org/External/Pubs/FT/GFSR/2013/02/index.htm.

[5] 同上,第 xiii 页。

[6] www.commondreams.org/view/2013/05/28-5.

[7] 2013 年 3 月 21 日,消息传开,我将这篇文章发表在哥伦比亚法学院(蓝天博客)网站上。主要内容是谴责对保险存款神圣性的侵犯。欧盟被迫修改其决定,同意不再将估值折扣适用于存款保险。http://cls-bluesky.law.columbia.edu/2013/03/21/cyprus-what-happend-to-the-sanctity-of-insured-deposits/.

[8] 美国证券交易委员会对合格投资者的定义。www.sec.gov/answers/accred.htm.

[9] 美国金融业监管局关于适用性的定义。www.finra.org/investors/protectyourself/beforeyouinvest/p197434.

[10] 麦耶尔·麦乔奇(Steven Maijoor):《市场透明度能预防危机发生吗?》,国际财务管理协会监管会议,维也纳,2011 年 9 月 29 日。www.esma.europa.eu/system/files/2011_322.pdf.

[11] 罗伯特·J.布鲁姆菲尔德(Robert J. Bloomfield)、玛琳·奥哈拉(Maureen O'Hara):《市场透明度:谁赢?谁输?》,《金融研究评论》第 12 卷第 1 期。见于社会科学研究网:http://ssrn.com/abstract=122708.

[12] 金融稳定论坛:《合理薪酬制度的原则》,2009 年 4 月。www.financialstabilityboard.org/publications/r_0904b.pdf.

[13] www.europarl.europa.eu/sides/getDoc.do? language=en&type=IM-PRESS&reference=20100630IPR77285.

[14] 马克·斯科特(Mark Scott)、詹姆斯·肯特(James Kanter):《欧

洲投票以削减银行红利》，《纽约时报》，《交易书》，2013 年 4 月 16 日。http：//dealbook.nytimes.com/2013/04/16/europe -votes -to -curb -banker -bonuses/.

　　［15］埃蒙德·T. 菲茨杰拉德（Edmond T. FitzGerald）：《欧洲金融服务业的金融监管》，哈佛大学法学院博客，2013 年 8 月 18 日。http：//blogs.law.harvard.edu/corpgov/2013/08/18/remuneration -regulayion -in -the -european -financial -services -industry/.

第二章

二十五年来银行危机和金融机构的演变

"政府和市场没有扮演好自己的角色，并引起了混乱，也是导致这场危机的原因。我们需要重新找到使上述二者保持平衡的方法，而我本人则对此持乐观态度。"

——印度中央储备银行行长拉古拉迈·拉詹（Raghuram Rajan）

2007 年5月，在大西洋的两岸——美国和欧洲——同时爆发了经济危机，两个地区的央行都不得不介入，以防止系统性风险的发生。这首次证明，不同市场之间的联系是如此的紧密，一个大国的市场波动可以迅速而直接地影响到全球市场。

不到一个星期，美国和欧洲市场上流言四起，传递着大量消息。2007年8月10日，星期五，美联储[1]和欧洲央行[2]不得不投入大量资金（前者投入300亿美元，后者投入950亿欧元，约合1350亿美元），以稳定市场情绪。

最显著同时也是波幅最大的市场指标是，欧洲美元三月期利率与美国国债三月期利率的差值（TED，见图2-1）。

美国财政部得益于美联储利率管理部门的安排，而欧元利率则完全依靠市场的需求而浮动。

伦敦银行同业拆借利率（LIBOR）是指银行同业存款率，由此成为反映银行间信心的最重要的指标。

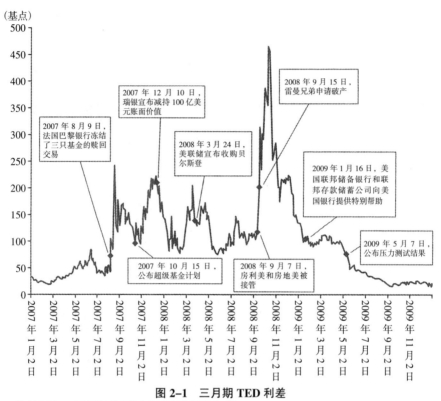

（基点）

图 2-1　三月期 TED 利差

资料来源：圣路易斯联邦储备银行经济数据库。[3]

　　人们可能对此感到无比地惊讶，因为每次危机到来时，我们总是把上一次危机的教训忘得一干二净，也并未从中学到多少可以应对下次危机的方法。2009 年法国兴业银行[4] 破产和 1985 年巴林银行[5] 倒闭的案例恍在昨日：这两起事件的原因惊人的相似，即信息不够公开，监管者缺乏监督，以及信息汇报不足。

银行危机是一直存在的

　　2009 年《经济学人》杂志在纽约举办的梧桐树会议上，奥巴马总统顾问拉里·萨默斯（Larry Summers）[6] 发表了如下观点：

　　20 世纪，几乎每隔三年，我们认为本应能很好地应对、减轻和控制金融风险的金融体系却成为危机根源之一。这对工人、消费者和纳税人而言是灾难性的。各国对于道德和更完善的市场基础设施的重要性已达成一致，于是成立委员会，并给出建议，全球经济也重回正常运转的轨道。在一定意义上，以上所言都是建立在一个非真实的前提下，即我们试图通过改变人性来改善结果。

不必回顾银行业的发展历史，至少，从美帝奇威尼斯法庭建立的现代银行（它也处于破产边缘）伊始（即 14 世纪文艺复兴初期），银行危机或是金融危机就一直与各种世界战争与冲突相伴相生。

然而，特定的危机尤其需要特别关注。

两个主要新兴市场的危机

正如拉里·萨默斯（Larry Summers）所言，两个主要新兴市场所出现的危机具有相同的导火索，其补救措施也有颇多相似之处。南美洲[7] 和亚洲[8] 的两次危机具有相似的成因——比如政府都不停地通过短期贷款来减轻长期融资带来的财政预算压力。当经济发展不那么景气时，短期负债就会激增，再想通过金融手段来解决也就不可能了。

国家不能不停地向资本市场借贷，而不得不求助于国际货币基金组织（IMF），而 IMF 的救助又让被救助国不忿。但实际情况是，这些门槛和限制是这些国家重新恢复自身信誉的唯一条件。

即便是在今天，有些国家，比如阿根廷，依然没能履行同自己所享有权利相应的义务，其市场资金也随之减少。而该国国家石油储备的国有化运动对该国经济的打击可谓雪上加霜。由于该国提供虚假经济数据，尤其是通货膨胀方面，国际货币基金组织（IMF）第一次决定对其进行数据审查。[9] 阿根廷政府制定新的税法对外币信用卡征收 35%的重税，这对阿根廷国内旅游业无疑是一个巨大的打击。

在这两次危机中，一个新的可以很好地应对主权危机的框架应运而生，这在一定程度上也可以为解决欧债危机提供些许借鉴。然而，这些危机却使得金融家们得出了这样一个看似放之四海而皆准的结论：国家不可能破产，向国家借贷的银行当然也不会。

这一结论已被证明是合理的，但现在仍有人担忧新兴市场可能会发生危机。如国际货币基金组织（IMF）的首席经济学家西蒙·约翰逊（Simon Johnson）就表达了自己谨慎的乐观态度，虽然这种乐观仍含有某种警惕的意味：

世界上的中等收入国家——即在商业投资领域人们所指的新兴市场国家——会面临严重的经济危机吗？如果其中一个国家发生危机，那会影响其他国家甚至是整个世界吗？

对于这两个问题，我的答案都是否定的。但是如果你对这些问题视若无睹，那将会是一个重大的错误。其一是因为这些问题是由金融市场中最聪明的那些人提出来的；其二是因为在不远的将来，这些问题的答案一定会变成肯定的——那样，我们无疑要面临着灾难性的后果。[10]

次贷危机

如果说以前的危机都是因为宏观经济走势造成的话，那么次贷危机完全可以说是由金融系统缺乏监管所致。大量活跃的评级机构、证券化资产参与其中，而它们自身都没有合理的保险保证措施。

美国财政部在其报告中指出了这种现象，即消费者并没有获得足够的保护，使自己免于市场上劣质产品的伤害，如下所述：

在此次金融危机之前，有许多联邦或是州一级的监管机构，其职责是保护消费者免于伪劣产品的伤害，同时也提高其对一些金融产品，如信用卡和按揭贷款等的理解和认识。但是随着类似这些行为的泛滥，尤其是在非传统及次级贷款市场，我们的监管机构并未能发挥足够的作用。众多的机构都拥有保护消费者免于金融产品伤害的权利，但由于历史原因，为加强监管而设置的监管框架有明显的缺点和不足。联邦及州一级银行监管者们在银行运行中相互掣肘，难以确保对银行的安全而健康的管理。其他的机构倒是有着明晰的目标，却又苦于缺少手段和司法权。最为重要的是，在金融危机一步步酝酿的过程中，按揭贷款公司及其他公司利用银行监管不到位、权责不明的漏洞大做文章，它们不顾借贷者自身的金融状况，肆无忌惮地出售按揭产品，使情况变得日益复杂。加之银行与储蓄机构群起效尤，消费者与金融系统所要承担的灾难性后果也就可想而知了。[11]

银行的这种转变，再加上自身资产的证券化，使得其保险质量及信誉分析的可信度都大幅降低了。各大评级机构纷纷降低其评级标准，又反过来刺激了银行的证券化。这样一来，危机不可避免地要爆发，在危机爆发时，首当其冲的必然是那些专门的按揭贷款提供者，比如美国国家金融服务公司（Countrywide）。[12]

就次贷危机的爆发，杰弗里·谢弗（Jeffrey Shafer）提出如下原因：

宽松的货币环境以及美国经济的外部失衡是危机爆发的原因，同时这也使得具有安全性的金融产品供不应求，并将类似的经济活动带到了一些没有外国产品参与竞争的领域，如房地产业。市场上，当然也包括监管当局，到处洋溢着骄傲自满的情绪，没有人注意到正在增长的潜在风险。在按揭贷款市场上，导致过度贷款的原因有：

（1）长期以来，克林顿政府和布什政府对房地产的政策支持，使得早先一些并不具备申请按揭贷款资格的家庭卷入其中。

（2）宽松的信贷标准壮大了按揭贷款市场。

（3）为应对安全资产的短缺，个人住房抵押贷款支持证券（RMBS）急速发展。

（4）个人住房抵押贷款支持证券的分配经常与信用评级相挂钩。然而现在回过头来看的话，这些信用评级大多是建立在假设的基础之上，事实情况往往与此相反。评级的作用因其用于设定银行资产要求而被过度夸大。

（5）房利美和房地美对自己在市场份额上的缩水反应激烈，它们利用美国政府的允诺以及3A级的信用评价强行进入Alt-A贷款及次级按揭贷款领域。

（6）抵押贷款文件标准的破坏，掩盖了发起人对保险标准的破坏。[13]

在次贷危机中，最核心的部分在于银行借贷标准的下降。就这一点而言，我们今天的状况又能好多少呢？时至今日，银行变成了公证人，它们创造出了一整套复杂的内部规定，这对按揭贷款市场无疑将会产生非常长远的影响。如今逐渐变成了一场管理噩梦。[14] 然而，按揭贷款市场并没有摆脱误导，仍旧像以往一样激进。如果说有什么大的不同，可能就是现在的办理变得更加困难。

雷曼危机

雷曼兄弟、贝尔斯登以及美林证券这三者的危机都是由过度举债经营造成的。《1933 年银行法》（Glass-Steagall Act）被废除之后，在 2004 年出现了由过度宣扬投资银行所导致的监管放松与资本充足率标准下降[15]。杰弗里·谢弗（Jeffrey Shafer）对此依然有着自己的观点：

在"大稳健"期间，金融市场上的以下四种趋势，造就了一个极度脆弱的金融系统：

（1）日益严重的举债经营，使得金融系统对外界资产价值的波动更加敏感，比如房地产。

（2）日益成熟的转变形式——拥有短期责任的长期资产融资——证券组合投资。

（3）金融创新带来的金融产品和市场的不透明性导致了信息的不对称现象加剧——一方掌握着信息，另一方却什么也不知道。

（4）金融机构中基于激励作用的薪资补偿。同样地，这里的原因跟之前的危机也没有什么大的区别。然而，欧洲领导人却假装使他们的民众相信——他们也是照此采取措施的——危机只是在美国才有，而欧洲只是受到波及。

美国的金融危机蔓延到欧洲，是因为欧洲银行通过资产支持证券（ABSs）和贷款抵押义务（CLOs）对次贷相关资产进行投资。银行业需要支持，同时也需要国有化和救助。有部分欧洲政府介入，对银行进行救助。然而，当欧洲主权债务危机升温时，大部分借款却被重复偿还，相关股票也被放入市场。这肯定难以让各国领导人、媒体以及公众去相信金融危机是一个单一事件。

雷曼兄弟破产本身其实并未对欧洲银行业造成非常严重的影响。

至于对雷曼兄弟主席和 CEO 的制裁，至少从最近的报道来看，并不是什么多严重的惩罚：

例如其 CEO 理查德·福尔德 (Richard Fuld)。雷曼兄弟控股公司，这家拥有 158 年历史的企业，在其经营五年后由于不良投资的巨大压力而最终倒闭，全球金融系统受到严重影响，但理查德·福尔德的生活却依旧舒适。

他在康涅狄格州的格林威治有着自己的宅邸，在内华达州的太阳谷有一个占地 40 多英亩的大农场，在佛州的朱庇特岛还有一所拥有五个卧室的房子。2009 年，他以 2587 万美元卖掉了在曼哈顿派克大街的房产。[16]

欧债危机

欧盟允许希腊加入欧元区，事实上低估了希腊政府债务危机[17] 的严重程度，那时欧盟还没有推行《稳定与增长公约》。

这份在《马斯特里赫特条约》后签订的《稳定与增长公约》于 1997 年 6 月最终由欧盟理事会在阿姆斯特丹达成。该条约明确厘清了有关《超额赤字程序》的规定，要求正常情况下财政状况保持平衡或盈余，以便自动稳定机制能够运行。[18]

该条约背后有着复杂的政治现实问题。尽管欧盟的计划雄心勃勃，但必须要在全体成员一致同意的基础上方可实行。在仅有六个成员国的小团体中，协调一致[19] 是必要原则。但当欧盟发展到现在 27 个成员国的规模时，这一规则逐渐因为难以快速做出决断而成为发展的绊脚石。

当一个国家爆发主权债务危机时，其他国家也都深陷其中成了抵押品。但是债务国别无选择，只能接受欧盟的救助计划，而这样的救助计划往往有着极为严苛的条件。以希腊为例，国际货币基金组织 (IMF) 就认为三者（即欧盟委员会、欧洲央行以及国际货币基金组织）低估了针对希腊采取的严厉制约措施的影响。[20]

现在回过头来看，当时那种错误的做法早已被广泛认识到。因为本来可能只需要 1000 亿欧元资金投入就能解决的危机，到最后却花费了 3000 亿欧元。[21] 这也使得人们不得不质疑欧盟委员会未来解决危机的能力，以及其在应对银行危机中究竟应该扮演何种角色。

欧洲银行危机

欧洲银行危机经常被与欧债危机混为一谈，但实际上它的根源是一些欧洲银行对风险及资金流动性管理的混乱。

各国政府及欧盟不得不对银行展开救助，它们目睹了银行债务和融资成本的增加。准确地区分主权债务危机和银行危机是非常有必要的，因为二者所对应的补救措施截然不同。

爱尔兰的例子可谓是相当典型。这个国家并没有过度地负债，但是爱尔兰国内的银行却不断地增加按揭贷款，这使得爱尔兰的银行系统几近崩溃。对爱尔兰联合银行以及爱尔兰银行的救助增加了公共财政的压力[22]，最终不得不依靠欧盟的救助才得以缓解。尽管如此，这些措施还是使得爱尔兰的银行系统逐渐恢复了元气。[23] 爱尔兰总理恩达·肯尼（Enda Kenny）在 2013 年 10 月宣称爱尔兰"经济紧急期"即将结束，并预言该国将从 12 月的国际救援项目后开始复兴。[24]

英国、爱尔兰、德国、西班牙和葡萄牙的一些银行出于不同原因，都存在过度放贷的问题，大多是因为受到抵押信贷市场的影响。这些国家的政府不得不介入救援，同样目睹了其债务及融资成本的上升。以下是这些问题的原因：

（1）英国：

1）英国政府最开始对北岩银行进行救助，最后不得不将其国有化并出售，浪费掉英国纳税人 20 亿英镑。[25]

2）苏格兰银行的紧急国有化即将结束。由于厌倦了贷款的缺乏，政府的高级官员们正在磋商是否要花50亿英镑买下之前政府并未持有的苏格兰银行18%的股份。英国财政部大臣阿利斯泰尔·达林（Alistair Darling），刚刚宣布了对苏格兰银行的救助方案，创下了对单个银行救助的最大数额。[26]

3）劳埃德银行的国有化：对苏格兰哈里法克斯银行—劳埃德银行 TSB 集团170亿英镑的注资意味着这家超级银行41%的股份已经国有化。[27]

（2）爱尔兰专门设立了一只基金去救助本国银行，注资340亿美元以救援银行系统。爱尔兰政府此举须得到欧盟救助机制的支持方可实行。然而，欧盟和爱尔兰政府在这方面却相互龃龉。债券持有者被拉进来承担银行的风险，欧盟委员会主席指责说爱尔兰才是造成危机的罪魁祸首！这将希腊置于何地。

在其发言中，巴罗佐（Barroso）主席完全忽略了欧洲各国政府的花费，以及爱尔兰政府在救助爱尔兰银行方面承担的费用。他应该知道，欧洲央行直接否决了之前及当前政府的努力，而这些努力可以大大降低无担保的高级债券持有者的损失。[28]

（3）西班牙不得不对国内储蓄银行进行救助，并以马德里银行为中心，将五家银行重新整合成一个实体，即班基亚银行。

欧盟委员会已经通过了一项针对西班牙的370亿欧元或是480亿美元的救助方案，但前提是这四家西班牙银行须裁员数千人并关闭一些办事处。[29] 西班牙还在考虑申请更多的资金救助，班基亚银行现在已经开始盈利。

（4）在没有欧盟资金支持的情况下，德国政府也不得不对银行展开救助。德国州立银行的处境尤其艰难。

西德意志银行关闭，它的部分资产将会并入赫拉巴商业银行。萨克森州立银行被并入巴登—符腾堡州银行。柏林州立银行被拆成一家储蓄银行和一家房地产企业，其资本市场部门将转到德卡。欧洲委员会坚持减少监事会中国家代表席位，缓解了拜仁和巴登—符腾堡州银行的国家控制。[30]

预计救助的花费应该在 440 亿~640 亿美元。

（5）葡萄牙政府不得不对国内银行进行救助。

葡萄牙三家最大的银行可利用 780 亿欧元（960 亿美元）的国际救助，相比于因主权债务危机造成的新的资金匮乏，这些数额仍捉襟见肘。[31]

伦敦银行同业拆借利率操纵

迅速蔓延的 LIBOR（伦敦银行同业拆借利率）丑闻，也是从平淡无奇的交易员日常操盘开始的，只是这些交易员每日与之打交道的数字都是金融业中最为重要的东西。他们相互开着玩笑，或提供一些小恩小惠。"我必须得请你喝杯咖啡！"这样对交易员的许诺无非是为了获取一些虚报的数字。"伙计，你可是帮了我一个大忙！……必须开瓶香槟。"交易员每天都做笔记，以防止下周可能会忘掉需要虚报的数字。本该在日历本上写待办事项，而他们却记录着修改后的数据。[32]

LIBOR[33] 是建立在几种固有货币基础之上的银行间的互借利率。其依据的数据信息是由一些经过筛选的国际银行提供。作为浮动利率贷款和证券投资的参考，与其相关联的资金达到 350 万亿美元，它由英国银行业协会（BBA）监管。[34]

近几年来最大的金融丑闻无疑就是 LIBOR 危机。其暴露了一小部分银行的违规操作。它们不仅操纵市场，还涉嫌操纵利率。而这些利率直接牵连高达 360 万亿美元的贷款、证券、金融衍生品及其他债务工具。而 LIBOR 的监管部门，正是英国银行和金融服务行业中的支柱——英国银行业协会——它在全球范围内 180 个国家有超过 240 个成员组织。[35]

针对英国财政部的维特利调查（其命名与英国金融管理服务局主席有着紧密关系），[36] 由全球范围内的十个监管机构联手进行，是前所未有的调查。LIBOR 的理念无疑适用于一些流通货币：

维特利调查得出了一个结论，即具有虚假和误导性的信息的提交——这些信息是与像 LIBOR 这样的评价基准联系在一起的——是一种广义形式上的市场操纵行为，因而应当被归入市场权力滥用行为的范畴。

评价基准应该依照其自身对市场运行的重要性，被圈定在相应权利的范围之内，而不是主管部门要求的那样，根据其对一个特定的金融工具所能产生的影响而定。[37]

针对若干事件的调查结果出来以后，欧洲的一些银行不得不面临高额罚款：这些罚款平摊下来，每个银行都要分担 10 亿美元。一些重要领导也被免职，整个监管系统从头至尾都发生了巨大的变化。[38]

最后，纽约泛欧交易所集团获得了 LIBOR 的运营权。

2013 年 7 月 9 日，LIBOR 霍格招标咨询委员会宣布，经过一系列严格的筛选程序，纽约泛欧交易所集团已经被指定为 LIBOR 新的管理者。作为新的管理者，纽约泛欧交易所集团将会通过必要而强有力的金融监管框架，在市场主导的合法技术手段基础上对其进行整合，重振 LIBOR 的信誉，恢复人们对它的信任，为公众提供卓越的金融市场基础设施。[39]

最近，房利美宣布将会起诉九家银行，因为它们都涉嫌与 LIBOR 操纵丑闻相关。房利美声称由于对 LIBOR 及其他金融基准价格的人为操纵，按揭利率、信用卡及其他金融产品都受到了影响，使得房利美自身的亏损达到 8000 万美元。[40]

在深入调查涉嫌操纵欧元基准利率事件后，欧盟反垄断监管机构已经宣布它们打算对德意志银行、摩根大通、汇丰银行、苏格兰皇家银行、法国农业信贷银行和法国兴业银行进行处罚。[41]

如何监督伦敦银行同业拆借利率（LIBOR）市场？对此已有一些呼声，要求以合适的形式进行公众监督。德国银行业监管机构也呼吁政府参与类似于 LIBOR 那样的基准利率的设定。

"基准价格确定的依据仅仅是随机估计，这是不合理的"，德国联邦金融服务业监察署的执行主席雷蒙德·罗塞乐（Raimund Roseler）在周日接受新闻采访时如是说道，"政府主体——而不仅仅是私人部门——必须要参与到对那些极为重要的数据的监管之中。"[42]

外汇市场会成为下一个重灾区吗

多少年来，外汇市场交易员的聊天室里，听到的都是与酗酒、吸毒以及女人相关的话题。但在 2012 年的春天，彭博私人聊天室里的辩论却变得严肃起来。

谈话是围绕着伦敦银行业中的精英分子举行的一个会议展开的，他们都是英格兰银行界最资深的外汇交易员。"交易员们忧心忡忡，因为有传言称英格兰银行代表在四月份的一次会议上表达了对日常外汇汇率定盘操纵现象的担忧"，对银行业人士聊天室熟悉的人如此说到。

但交易员们在聊天室里的闲谈显然跟会议的节奏还是不一致的。在过去的两年中，这已经不是监管者第一次小心翼翼地提及这个问题。英格兰银行委员会的一位成员说监管者在许多场合都曾经向资深的交易员询问过，每日的汇率定盘是否会被操纵，但交易员们都一再地试图去缓解他们这方面的焦虑。

几家机构现在正在调查全球那些日处理金额在 5 万亿美元的大市场。一长串的名字，如瑞银、德意志银行、高盛、劳埃德银行和法国巴黎银行都为了达到法律规定的要求，暂时将盈利的事情抛在一边，因为监管系统现在正将全部注意力集中在这一方面。[43]

使交易员之间的勾结以及对于外汇市场的巨大注意力变得透明，还需要一段时间。花旗银行和摩根大通都给自己的外汇交易员放了假。

据一名不愿意透露身份的人士透露，罗汉·拉马克达尼（Rohan Ram-chandani）——花旗银行集团欧洲现货交易项目的负责人——就被告知自己将会被休假，这位人士之所以不愿透露身份是因为他并未获准公开谈论此事。另一位人士说，摩根大通在伦敦的首席交易员理查德·亚瑟（Richard Usher）也在两周前去休假。这两位人士的休假都是同雇主商议后的行为，而且是没有任何延缓的。[44]

外汇市场的特征在于"定盘"，就像是短时间内的"拍卖"一样。

　　定盘是一天中的外汇交易汇率在特定的时间段内的反映，而它又被一些公司和投资者视作是基准参照点。最受认可的是伦敦下午四点发布的汇率，全球货币流动的1%~2%都将在定盘中被发布，而这是在一个一分钟的窗口平台中计算出来的。[45]

　　外汇交易商和这些定盘之间的勾结有可能造成极大的风险，这与当初LIBOR操纵的结构非常相似。一些机构已经开始介入调查，希望采取措施来改善这种状况。各国的中央银行又一次通力合作，以求在危机爆发成为世界丑闻之前找到解决方案。

　　欧盟委员会已经开始了一项调查：

　　欧盟反垄断委员会主席周四曾表示：欧盟委员会正在研究相关的信息，这些信息同外汇市场可能出现的操纵现象相关。但他并未就是否展开正式的调查作出表态。

　　"我们已经掌握了一些同外汇市场参照准则相关的内部信息，但是我们还在研究这些信息，我并不能对可能发生的事情进行任何的预测，毕竟我们还处在开始阶段。"乔奎因·阿尔穆尼亚（Joaquin Almunia）在都柏林这样告诉记者。[46]

　　这已经足够解释英格兰银行执行长官马克·卡尼（Mark Carney）在2014年3月10日发表的声明：

　　马克·卡尼（Mark Carney）在周二说道，这种对外汇市场的操纵，就像当初的LIBOR操纵丑闻一样严重，这将会给金融机构带来极大的震荡。

　　"这是极其严重的……这甚至和LIBOR一样严重，因为这牵涉到市场最核心的部分，我们必须保持市场的统一性。"卡尼这样告诉英国的法律制定小组。[47]

注　释

[1] 史蒂芬 G.切凯蒂（Stephen G. Cecchetti）：《危机与应对：金融危机早期的联邦储备银行》，《经济展望》，2009年冬季刊，第51-75页。http: //

econ.ucsd.edu/~grondina/pdfs/week5_cecchetti_earlyfedresponse.pdf.

　　［2］欧洲央行向市场注资 950 亿欧元。www.ft.com/intl/cms/s/0/a8c5829a-466e-11dc-a3be-0000779fd2ac.html#axzz2fdRjX9Zv.

　　［3］www.mhfigi.com/wp-content/uploads/2013/09/Five-Years-Later-Paper-by-Jeff-Shafer1.pdf.

　　［4］乔治·吉利根（George Gilligan）:《杰罗姆·科维尔是法国兴业银行的"流氓交易员":坏运气、坏苹果、坏树或坏果园?》,《公司律师》第 32 卷第 12 期，2011 年 9 月 20 日，第 355-362 页。http://papers.ssrn.com/sol3/papers.cfm?abstract_id=2014487.

　　［5］尼克·利森（Nick Leeson）:《流氓交易员:我是如何使巴林银行破产并撼动了整个金融界的》,纽约:小布朗公司。

　　［6］拉里·萨默斯（Larry Summers）:《2007~2009 年的金融危机和金融的未来》,2009 年 10 月 16 日，在《经济学人》梧桐树会议上的讲话，国家经济委员。www.whitehouse.gov/administration/eop/nec/speeches/the-2007-2009-financial-crisis-and-the-future-of-finance.

　　［7］20 世纪 90 年代，一些拉丁美洲国家负债累累，为了降低借贷成本，它们选择期限较短的贷款。当市场开始对拉丁美洲市场的稳定性表示质疑时，短期借贷市场呈现爆炸式的增长。可见于罗伯特·德夫林（Robert Devlin）和拉多夫·弗兰奇·戴维斯（Ricardo French Davis）:《美国的巨大债务危机:十年不对称的调整》,《政治经济学》,1995 年 7-9 月，巴西。www.rep.org.br/pdf/59-8.pdf.

　　［8］1997 年，危机始于泰国，银行体系的弱点开始暴露。波及了马来西亚、印度尼西亚，并最终影响了包括欧洲和拉丁美洲在内的所有新兴市场。1998 年，国际货币基金组织发布的工作报告总结了亚洲的危机及其原因和治疗方法。www.imf.org/external/pubs/ft/fandd/1998/06/imfstaff.htm.

　　［9］www.ecomomist.com/news/americas/21591882-official-figures-paint-rosy-picture-so-why-are-argentines-rioting-still-lying-after-all.

　　［10］http://economix.blogs.nytimes.com/2013/09/05/the-next-emerging-market-crisis/? _r=0.

［11］美国财政部：《一个新的基础：重建金融监管》，华盛顿特区，2009 年。

［12］比内斯·麦克林（Benathy Maclean）、乔·尼克林（Jo Niocera）：《全国的屋顶是如何倒塌的》，《财富》，2010 年 12 月 23 日。http：//finance.fortune.cnn.com/2010/12/23/how-the-roof-fell-in-on-countrywide/.

［13］www.mhfigi.com/wp-content/uploads/2013/09/Five-Years-Later-Paper-by-Jeff-Shafer1.pdf.

［14］亚瑟·德兰尼（Arthur Delaney）：《富国银行的噩梦——在政府反止赎项目中房主申请援助》，《赫芬顿邮报》，2010 年 11 月 12 日。www.huffingtonpost.com/2010/11/12/wells fargo-makes-it-near_n_782634.html.

［15］新立法反对美国证券交易委员会更严密的审查杠杆，而证券交易会从来没有为相关部门配备充足人手。斯蒂芬·拉顿（Stephen Labaton）在《代理的 4 号规定：让银行为新债务积累》中总结了这条规则对金融危机的影响，《纽约时报》，2008 年 10 月 2 日。www.nytimes.com/2008/10/03/business/03sec.html？pagewanted=all&_r=0.

［16］http：//finance.yahoo.com/blogs/daily-ticker/ceo-behind-lehman-collapse-isn-t-sorry-dick-131017662.html.

［17］希腊政府用了几年时间才承认政府账务确实存在问题。http：//www.europolitics.info/greece -on -defensive -after -underestimating -deficit -art251882-38.html.

［18］巴里·艾肯格林（Barry Eichengreen）、查尔斯·维普洛斯（Charles Wyplosz）：《稳定公约——不只是一个小麻烦》，世界货币基金组织，加利福尼亚大学，伯克利，经济政策研究中心和国家经济研究局；全球研究的研究生院，日内瓦和经济政策研究中心，经济政策，1998 年 4 月，第 67-113 页。www.aueb.gr/users/kalyvitis/Wyplosz.pdf.

［19］最初，欧盟只是由 6 个成员国投票决定成立的，分别是比利时、法国、德国、意大利、卢森堡和荷兰。

［20］ www.economist.com/blogs/charlemagne/2013/08/greeces-bailout.

［21］ www.bbc.co.uk/news/business-13856580.

［22］ www.independent.ie/irish-news/taxpayer-is-pickig-up-ailing-anglo-irish-bank-26506105.html.

［23］ 爱尔兰利率降低，它不得不向欧洲金融稳定基金偿付。

［24］ www.nytimes.com/2013/10/14/world/europe/setting-pace-ireland-predicts-december-exit-from-bailout.html？_r=0reland.

［25］ http：//news.bbc.co.uk/2/hi/6994099.stm.

［26］ www.wsws.org/en/articles/2009/11/scot-n09.html.

［27］ www.theguardian.com/business/blog/2011/otc/13/taxpayer-losses-rbs-lloyds-shares.

［28］ 欧盟在债务危机中抛弃了爱尔兰。www.independent.ie/irish-news/eu-betrayed-ireland-over-debt-29855752.html.

［29］ www.nytimes.com/2012/11/29/business/global/european-commission-approves-bailout-of-four-spanish-banks.html.

［30］ www.reuters.com/article/2013/09/17/banking-germany-landesbankeni dUSL5N0H820520130917.

［31］ www.reuters.com/article/2012/06/04/portugal-millennium-idUSL5E-8H43EA20120604.

［32］《腐烂的金融心》,《经济学人》, 2012 年 7 月 7 日。www.economist.com/node/21558281.

［33］ 伦敦同业拆借利率代表伦敦银行同业拆放利率，它是反映银行相互拆借成本的主要基准率。这是大约 350 万亿美元金融产品的参考利率，包括利率互换、企业贷款、信用卡、抵押贷款和储蓄账户。http：//lexicon.ft.com/Term？term=LIBOR.

［34］ 埃文·温伯格（Evan Weinberger）：《英国银行业协会同意放弃同业拆借利率的管理职责》, 2013 年 2 月 25 日。www.law360.com/articles/418285/british-bankers-group-agrees-to-give-up-libor-setting-duties.

［35］ www.bba.org.uk/about-us.

［36］这篇论文阐述了伦敦银行同业拆借利率（LIBOR）改革的理由，并为基准改革提出了一系列改革方案。本文尝试提出伦敦银行同业拆借利率可能的替代物，并探讨对维特利调查其他国际基准率的可能影响。www. gov.uk/government/uploads/system/uploads/attachment_data/file/191762/wheat-ley_review_libor_finalreport_280912.pdf.

［37］同［36］，第 15 页。

［38］www.euractiv.com/euro-finance/libor-scandal-provokes-regulator-news-514639.

［39］www.nyx.com/libor.

［40］www.forbes.com/sites/maggiemcgrath/2013/10/31/fannie-mae-suing-nine-banks-over-libor-manipulation/.

［41］www.lexology.com/library/detail.aspx?g=74ebbe28-2f13-47f5-820b-a1993614916b.

［42］www.ft.com/intl/cms/s/0/fb18fc5c-601b-11e3-b360-00144feabdc0.html#axzz2oap3DEJa.

［43］丹尼尔·罗佛（Daniel Schafer）、爱丽丝·罗斯（Alice Ross）、戴尔芬·施特劳斯（Delphine Strauss）：《外汇交易：大问题》，《金融时报》，2013 年 11 月 12 日。www.ft.com/intl/cms/s/2/7a9b85b4-4af8-11e3-8c4c-00144feabdc0.html#axzz2ocUViOOa.

［44］www.bloombetg.com/news/2013-10-30/citigroup-jpmorgan-said-to-put-senior-currency-dealers-on-leave.html.

［45］凯迪·马丁（Katie martin）、齐亚拉·艾博年（Chiara Albanese）：《银行家、监管者对外汇交易修复的权衡》，《华尔街日报》，2013 年 11 月 29 日。http://online.wsj.com/news/articles/SB10001424052702304017204579228022791310030.

［46］www.reuters.com/articles/2013/12/05/eu-forex-probe-idUSL5N0JK2WQ20131205.

［47］http://www.google.com.hostednews/afp/article/ALeqM5g-08HkmZNXwq2PpUEETHi0e4dSNg？docId=9e30f5a2-2349-4338-b8e-78e3864607c3&hl=en.

第三章

近年来经济危机的教训：
资产负债表的扩张

"发达国家几十年来都在举债经营，但这样的时代现在已经结束。事情发展的方向是明朗的，但过程却充满反复和波动。它既有可能是漫长而有序的，也有可能是突然且混乱的。"

——加拿大银行、英格兰银行行长马克·卡尼（Mark Carney）

美国资本市场现状的改变导致了一场结构性升级，这场结构性升级增加了商业银行资产负债表中实体性的非银行资产和投资银行资产等负债表中的长期资产。《1933 年银行法》（Glass-Steagall Act）[1] 的废除说明其自身有局限性，而之后的"多德—弗兰克法案"（Dodd-Frank Act）包含了许多对之前做法的纠正措施。

21 世纪初以来，美国银行的总资产从 6.2 万亿美元增加到 13.4 万亿美元。同时，美国的国内生产总值（GDP）从 10 万亿美元增长到了 15.7 万亿美元。现在，银行资产占了美国 GDP 的 85%（见表 3-1）。

即便是在美国，也有大约一半的资产负债表是由贷款构成的。那些减债的措施，如参考负债比率的《巴塞尔协议 III》（Basel III），也不应意味着银行需要削减放贷活动。这是一个人们经常引用的观点，但并没有经过数据证实。

出现明显减少的应是在投资证券领域，在过去的 10 年中，其份额已经从 15% 上升到了 20%。这同样适用于其他形式的收益性资产。这一现象

表 3–1　联邦储蓄保险公司资产

年份	机构数量	现金和应收	投资证券	总贷款和租赁额	备抵贷款损失和租赁额	净贷款额和租赁额
2012	6096	1333763534	2750149789	7047941339	152157881	6895783458
2011	6291	1195924598	2541235366	6719065712	178635735	6540429978
2010	6530	922704016	2351738355	6594996347	217973473	6377022874
2009	6840	976572935	2199577511	6495186596	213817010	6281369586
2008	7087	1041802864	1746327228	6838447027	156659219	6681787808
2007	7284	482162433	1590801925	6626408618	89179154	6537229464
2006	7401	432960082	1666204374	5981812474	69059839	5912752635
2005	7526	400266590	1572201667	5382110196	68730817	5313379379
2004	7631	387555301	1551101104	4906361549	73496034	4832865517
2003	7770	387437399	1456248388	4428946848	77124191	4351822658
2002	7888	383845820	1334727452	4156249955	76982950	4079267003
2001	8080	390340367	1172539507	3884328453	72273347	3812055108
2000	8315	369930621	1078984624	3815497766	64120431	3751377337

其他收入资产	银行房产及设备	其他房地产	无形资产	其他资产	总资产
1227730246	112656827	34887119	351249514	684895878	13391116364
1171968519	112006014	41017289	348296671	698058071	12648936506
1177979870	110663798	46653051	373186055	705541375	12065489394
1108124671	110514321	35858537	386800490	723909857	11822727909
1627921002	109680964	22915563	392528324	685932947	12308896700
1513678238	105021581	9791860	423218397	514139524	11176043422
1149123213	96829468	5467171	358512075	470109360	10091958378
942514776	91725352	4026107	302891742	414333686	9041339299
889528599	86799336	3852709	275726003	388186243	8415614796
780437642	83391964	4530717	158174341	379501717	7601544836
709197457	79234720	4430808	124850466	361358124	7076911860
620534054	76643935	3829583	120143368	356207938	6552293846
584102387	75793540	3209509	103803239	278358478	6245559732

资料来源：http://www2.fdic.gov/hsob/HSOBRpt.asp.

如此明显，人们不禁怀疑它们何以能够继续坚持那些显而易见的错误，还可能影响联邦储备银行以稳固其自身地位。超过一万亿美元的现金肯定需要一个解释——除非这是量化宽松政策的直接产物。

欧洲银行的结构性不平衡 [2]

欧洲金融业的发展绝大多数都要通过资产负债表（见表3-2）。这同美国的实际情况相去甚远。至于原因，这是历史因素、自满情绪、政治游说以及强权因素的综合产物。

这种情况，无论是在新的资本充足率、流动性和杠杆比率的压力下形成的，还是受其他因素的影响，都需要改变。然而，由欧洲央行发布的这份表格（见表3-2）却呈现出一些有趣的特征。

欧洲银行平均持有的欧洲政府债券比例已达到80%，而且其中大约40%以贷款的形式持有。这使得它们在主权债务危机中不堪一击，而事实也正是如此，就像我们在2009年所看到的那样。

在欧债危机中，出现在银行资产负债表中的数额达到了两万亿欧元，占到了整个危机的23%，而这也占到了银行持有股权的73%。意大利在这方面的问题超过其他国家，其主权债务占股权的比重达到了110%。意大利的债务/GDP比重高达130%，而这一比例还在上升。其国内银行同政府间这种相互依存的关系对于全球的银行系统来说是一种潜在的失衡，这种失衡性极有可能爆发风险。

欧洲银行的贷款组合基本都是以存款为依托的，其数额约占资产负债表的一半。这种结构相对来说还比较合理，可以允许其在不影响放贷活动的前提下缩减负债表。而全球那些大银行，资产负债表的1/3都是由贷款组成的。比如说在美国，房贷占负债表的比重不超过55%。

利卡宁报告（Liikanen Report）中对这方面的说明让人印象深刻（见图3-1和图3-2）。在欧洲，银行资产与欧盟GDP的比重达到350%。

表3-2　欧元区金融机构总资产负债表

（10亿欧元；期末偿还金额）

1. 资产

欧元体系

| | 总计 1 | 向欧元区居民的贷款额 | | | | 除欧元区居民发行的股票以外的其他证券 | | | | 货币市场基金份额/单位 10 | 持有欧元区居民发行的股票和其他所有权资本 11 | 外部资产 12 | 固定资产 13 | 剩余资产 14 |
		总计 2	一般政府 3	其他欧元区居民 4	货币金融机构 5	总计 6	一般政府 7	其他欧元区居民 8	货币金融机构 9					
2011 年	4700.4	2780.5	18.0	1.0	2761.5	717.2	557.0	10.1	150.1	—	20.3	779.2	8.1	395.0
2012 年	5287.6	3351.2	16.9	1.0	3333.3	723.1	568.4	10.5	144.2	—	23.4	799.9	8.3	381.8
2013 年第二季度	4399.4	2572.6	15.1	1.2	2556.3	741.7	588.9	25.3	127.4	—	23.6	665.0	8.3	388.4
2013 年第三季度	4303.2	2455.0	15.1	1.2	2438.7	727.9	576.7	26.5	124.7	—	24.6	690.7	8.3	396.8
2013 年 7 月	4364.2	2508.6	15.0	1.2	2492.4	737.8	586.7	25.9	125.2	—	23.9	693.9	8.3	391.6
2013 年 8 月	4353.7	2485.8	15.0	1.2	2469.5	730.1	579.4	25.9	124.8	—	24.0	711.3	8.3	394.2
2013 年 9 月	4303.2	2455.0	15.1	1.2	2438.7	727.9	576.7	26.5	124.7	—	24.6	690.7	8.3	396.8
2013 年 10 月	4228.5	2399.5	15.1	1.2	2383.3	724.6	575.7	25.7	123.3	—	25.2	671.7	8.4	399.0

续表

(10亿欧元；期末未偿还金额)

1. 资产

货币金融机构将欧元体系排除在外

	总计 1	向欧元区居民的贷款额				除欧元区居民发行的股票以外的其他证券				货币市场基金份额/单位 10	持有欧元区居民发行的股票和其他产权资本 11	外部资产 12	固定资产 13	剩余资产 14
		总计 2	一般政府 3	其他欧元区居民 4	货币金融机构 5	总计 6	一般政府 7	其他欧元区居民 8	货币金融机构 9					
2011年	33533.5	18476.5	1159.6	11163.1	6153.8	4765.1	1395.9	1517.3	1852.0	50.2	1212.0	4253.5	232.3	4543.9
2012年	32697.6	17992.9	1153.4	11042.6	5796.9	4901.6	1627.0	1423.3	1851.3	66.8	1227.8	4044.0	214.6	4249.9
2013年第二季度	32009.2	17529.1	1101.8	10978.7	5448.6	4959.6	1785.2	1407.3	1767.1	50.9	1246.4	4003.4	209.5	4010.4
2013年第三季度	31385.2	17303.4	1090.4	10781.1	5431.9	4841.3	1744.7	1392.8	1703.8	58.9	1232.9	3894.1	210.4	3844.2
2013年7月	31695.8	17418.7	1105.2	10897.7	5415.7	4916.0	1753.1	1405.8	1757.1	52.2	1249.2	3942.2	210.1	3907.5
2013年8月	31536.9	17384.6	1090.2	10768.4	5526.0	4893.2	1755.3	1401.8	1736.1	58.1	1223.4	3949.8	210.1	3817.7
2013年9月	31385.2	17303.4	1090.4	10781.1	5431.9	4841.3	1744.7	1392.8	1703.8	58.9	1232.9	3894.1	210.4	3844.2
2013年10月	31354.5	17192.5	1103.0	10737.5	5352.0	4825.2	1763.9	1374.6	1686.7	55.8	1234.5	3950.4	209.0	3887.1

续表

2. 债务

	总计 1	流通中的货币 2	欧元区居民存款				货币市场基金份额/单位 7	发行债务证券 8	资本公积 9	对外负债 10	剩余债务 11
			总计 3	中央政府 4	其他一般政府/其他欧元区居民 5	货币金融机构 6					
欧元体系											
2011年	4700.4	913.6	2609.0	63.8	12.1	2533.1	—	0.0	481.3	284.3	412.2
2012年	5287.6	938.2	3062.2	81.4	64.5	2916.4	—	0.0	536.1	298.7	452.4
2013年第一季度	4399.4	936.8	2350.7	107.9	45.7	2197.1	—	0.0	421.4	241.3	449.3
2013年第二季度	4303.2	944.6	2225.0	82.0	49.2	2093.8	—	0.0	444.8	225.4	463.5
2013年7月	4364.2	944.3	2281.6	114.7	50.6	2116.3	—	0.0	449.5	232.9	455.8
2013年8月	4353.7	945.3	2250.3	81.3	46.3	2122.7	—	0.0	469.1	229.4	459.5
2013年9月	4303.2	944.6	2225.0	82.0	49.2	2093.8	—	0.0	444.8	225.4	463.5
2013年10月	4228.5	950.4	2153.1	79.7	69.2	2004.2	—	0.0	444.4	213.5	467.1
货币金融机构将欧元体系排除在外											
2011年	33533.5	—	17312.0	195.5	10752.1	6364.4	570.6	5008.2	2229.1	3805.2	4608.3
2012年	32697.6	—	17201.8	170.8	10869.2	6161.9	534.7	4848.9	2343.9	3491.0	4277.2
2013年第一季度	32009.2	—	17074.6	236.7	11085.1	5752.8	486.9	4590.6	2391.8	3407.5	4057.8
2013年第二季度	31385.2	—	16854.3	190.9	10929.7	5733.8	476.8	4470.5	2392.7	3271.7	3919.2
2013年7月	31695.8	—	16947.4	203.8	11006.4	5737.3	487.0	4538.1	2405.1	3363.3	3954.9
2013年8月	31536.9	—	16949.0	181.5	10950.5	5817.0	502.5	4506.4	2388.8	3339.6	3850.6
2013年9月	31385.2	—	16854.3	190.9	10929.7	5733.8	476.8	4470.5	2392.7	3271.7	3919.2
2013年10月	31354.5	—	16766.5	165.5	10918.8	5682.2	474.6	4447.5	2398.9	3296.8	3970.3

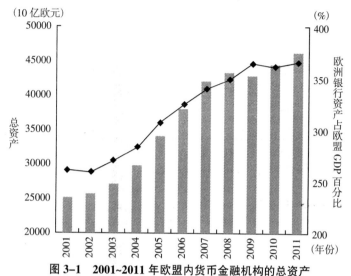

图 3-1 2001~2011 年欧盟内货币金融机构的总资产

注：柱状图表示总资产，曲线表示资产在 GDP 的占比。
资料来源：欧洲央行数据。

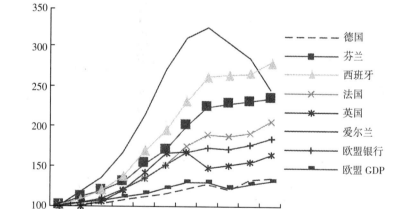

图 3-2 2001~2011 年货币金融机构总资产（指标：2001=100）

资料来源：欧洲央行数据。[3]

　　这些数据反映了全球绝大多数地方存在的矛盾问题。这说明了欧盟以
及欧洲各国对银行业的依赖（见表 3-3）。

表 3-3　欧盟、美国和日本银行部门的规模（2010 年）

	欧盟	美国	日本
总的银行业资产（万亿欧元）	42.9	8.6	7.1
总的银行业资产/GDP	349%	78%	174%
排名前十的银行资产（万亿欧元）	15.0	4.8	3.7
排名前十的银行资产/GDP	122%	44%	91%

注：日本排名前六的银行。
资料来源：欧洲银行联合会 2014。[4]

目前，已采取了一些措施来缩减资产负债，但是考虑到欧洲银行业中存在的这种结构性不平衡，这些措施起不到太大的作用。很明显，欧洲的那些银行还在集中全力，争取达到《巴塞尔协议Ⅲ》（Basel Ⅲ）的要求。

按照新的规定——即我们所说的《巴塞尔协议Ⅲ》（Basel Ⅲ）——欧洲银行的风险加权资产在 2011 年 12 月到 2013 年 6 月间已经减少了 8170 亿欧元（约合 1.1 万亿美元）。而根据欧洲银行监管局（EBA）周一发布的报告，同一时期核心一级资本增长已经超过了 800 亿欧元。资本比率是衡量银行是否能够缓解重大金融损失的重要标志，这一比重已经由 10% 上升到了 11.7%。[5]

金融衍生品缺乏市场透明度

较低的会计水平和执行标准催生了总额达 600 万亿美元的经济泡沫[6]，这既无人负责又无人监管。国际互换与衍生品协会[7] 的自律监管并没有为金融衍生品市场出现的问题提供基本的解决机制，也没有关于这方面的具体报告。金融衍生品市场在很大程度上游离在监管之外。

这种情况都有着完备的文档记录，国际清算银行和各国中央银行在报告中也发出呼吁，要确保适当的后台结构、掉期合约账目以及对金融衍生品市场的其他方面的要求。

这个问题在监管者和业内专业人士之间一度引起热烈的争论。人们的困惑主要来自这样一个事实，即监管者要想扮演好自身高瞻远瞩的角色，就必须有一个透明的监管环境。但是透明的监管环境意味着所有的信息都要对公众公开，这本身也是一个有待商榷的问题。

主要的衍生品交易商认为，过高的透明度可能对市场造成损害，因为这会让市场的流动性变差。但据美国商品期货交易委员会（CFTC）主席加里·盖斯勒（Gary Gensler）透露，在本周多伦多举行的会议上，九位成员组成的全球监管小组一致同意继续增加掉期交易衍生品市场的透明度。[8]

国际金融协会（Institute of International Finance）近期就这一问题发表了看法，这一看法相对谨慎，并没有表示对彻底的透明度的支持。

透明度并不意味着一定要求那些独立的金融机构去披露自身的复苏情况，或是披露相关的解决方案。其标准就是相关报告不需要公开资产评估结果、非公有部分的相关评估信息、独立金融机构的复苏情况和相关的解决方案。这些都不在相关法律规定的、按监管要求应被披露的信息之列。[9]

信用违约互换市场的出现[10]

信用违约互换是一种投资者可以用来对冲的金融工具。比如在政府债务中，投资者通过这种互换来表达对一个政府信誉的看法。同时，投资者通过互换保护自己，当国家违约或进行债务重组时免于损失。[11]

这种金融产品是适应市场产生的，在任何特定的时间，针对任何层次的企业和主权债券，这种方式都有助于规避信用风险。像之前的那些类似的机构一样，信用违约互换不仅可能引起风险恶化，还可能放大风险。

由于它是仅有的比较容易获得的指标，可以反映公司、银行和国家是否正常运转，媒体便开始系统地报告这个指标，对其过度的重视导致了这些机构的过激反应，它们的信用开始恶化。

这种过度重视引起的滚雪球效应使一些机构的信誉难题增多，最终人们也开始发现，这种产品以及与其相关的投机活动实际上才是问题的根源。

欧洲各国在规范信用违约互换市场方面已经走在了前头。

投资银行作为金融衍生品市场的中间商，一直以来赚取了丰厚的利润，因而一直都是监管时重点的打击对象。但欧盟总部这次不仅仅是针对将来的交易重新制定规则，而且明确规定：现在也可能会对银行之前的垄断行为进行罚款。[12]

衍生品市场的监管处在国家层面而非全球

如果要建立有效的全球监管，就必须要有一个统一的法律体系、法院管辖权和其他法定的权利。而这些现在都不存在，这意味着监管者在处理全球危机时只能束手无策。

这不仅仅是因为他们缺乏有效的工具去评估和整合监管中收集到的零散信息，他们还要想出另外一些办法去解决与国内法院和法律体系打交道时可能出现的问题。

这种情况最终造成的结果就是债务工具和金融资产的持有者在纽约和伦敦受到的待遇迥然不同。他们各自的处理程序也不尽相同，导致处理雷曼兄弟倒闭事件的时间长达 5 年，光是法律方面的花费就达 22 亿美元。[13]

注　释

［1］美国参议院：《金融现代化法案》，1999 年。www.gpo.gov/fdsys/pkg/CRPT-106srpt44/pdf/CRPT-106srpr44.pdf.

［2］［3］［4］http：//sdw.ecb.europa.eu/reports.do?node=100000137.

［5］www.ibtimes.com/basel-iii-capital-requirements-chop-more-1-trillion-european-bank-assets-european-banking.

［6］这是国际清算银行网站的一部分，它发布了关于衍生品市场规模的统计数据：www.bis.org/statistics/derstats.htm.

［7］国际互换与衍生品协会网站：www2.isda.org/.

［8］www.ft.com/intl/cms/s/0/7e7f7160-946d-11e1-8e90-00144feab49a.

html#axzz2kqXzi5vD.

［9］www.financialstabilityboard.ord％2Fpublications％2Fc_131121f.pdf&ei＝okfEUsyfCoy_sQSQsICQDQ&usg＝AFQjCNFSoXIsyakRZXfgPzVZs6ZszgII7g&bvm bv.58187178，d.cWc.

［10］马丁·欧姆科（Martin Oehmke），哥伦比亚大学和亚当·左洛托夫斯基（Adam Zawadowski），波士顿大学《关于信用违约掉期市场的剖析》，2013 年 1 月 11 日。www.gsb.columbia.edu/faculty/moehmke/papers/OehmkeZa-wadowskiCDS.pdf.

［11］国际货币基金组织：《政府债务的信用违约掉期是有效的衡量标准》，2013 年 4 月 11 日。www.imf.org/external/pubs/ft/survey/so/2013/POL04 1113B.htm.

［12］www.ft.com/cms/s/0/86c7fd06－e255－11e2－a7fa－00144feabdc0.html# ixzz2jVDotpdo.

［13］www.hartfordbusiness.com/article/20130913/NEWS02/309139992.

第四章

全球金融监管
——机构的重叠复杂性

行政机构之前颁布的监管规则大多都太过宽泛，对此他们必须进行削减，有时削减的比例可能高达50%甚至更多。这些机构不仅运行瘫痪，而且数量冗余，完全跟不上国会的要求。除此之外，它们现在只想着如何规避风险，因此关注的都是那些琐细之事，而难以顾全大局。

——哥伦比亚法学院教授　约翰·科菲（John Coffee）

时任摩根大通首席执行官兼董事长的杰米·戴蒙（Jamie Dimon），在2011年给公司股东们的致辞中描述了该银行所要面对的监管体系，并特别强调机构重叠所带来的令人难以忍受的低效率（见图4-1）。

一个强健的金融体系需要持续而协调的监管，这种监管必须简单、透明而有力。监管者应该拥有不容挑战的权威，其责任亦应明确。但是只需看一眼图4-1，就会明白我们还不具备这种监管。监管的复杂及混乱的状态应该得到改善，而不是一味地叠加。[1]

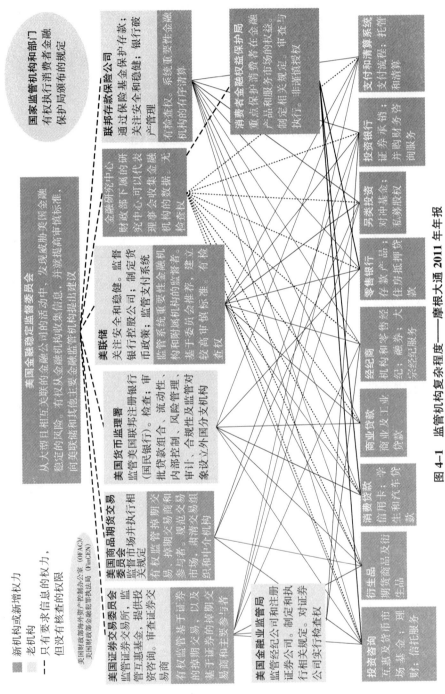

图 4-1　监管机构复杂程度——摩根大通 2011 年年报

注：分界线代表美国证券交易委员会和美国商品期货交易委员会对现有关系的强化。

表 4-1　全球监管框架综述

	国际组织	国家间联系团体	跨政府网络	双边和区域网络	私人标准和舆论监督机构
案例	国际货币基金组织 世界银行 世界贸易组织 经济合作与发展组织 国际清算银行	七国集团 八国集团 十国集团 二十国集团	巴塞尔银行监管委员会 国际证监会组织 国际保险监督官协会 联邦技术规范局	金融市场监管对话 欧洲保险委员会	国际会计准则理事会 标准普尔
特征	● 条约为本 ● 大规模秘书处 ● 政策管理 ● 有限的决策制定	● 协议 ● 不设秘书处 ● 政策制定	● 备忘录/非正式 ● 小规模秘书处 ● 信息共享 ● 政策协调 ● 政策管理	● 备忘录/非正式 ● 不设秘书处 ● 信息共享 ● 政策协调	● 私营部门专家
监管任务	● 主权贷款 ● 经济发展 ● 技术援助 ● 标准执行	● 危机应对 ● 监管措施 ● 网络创建	● 审慎的银行规则和标准 ● 证券 ● 保险	● 规则和标准的相近性 ● 相互认同 ● 市场准入条款	● 技术标准
成功案例	● 金融部门评估规划	● 巴塞尔银行监管委员会成立 ● FSE	● 部门审慎标准的发展	● 俄罗斯市场的开放 ● 国际财务报告准则发展路线	● 国际财务报告准则 ● 新的监管工具

资料来源：基于潘（2010），第 248 页。

他可曾想过有一天，这些机构开出的罚单会让摩根大通焦头烂额？

在 2008 年之前，几乎没有关于全球层面上金融监管的讨论。国际清算银行（BIS）在其网站上公布了一长串监管机构名单[2]，不出所料，出现在名单中的绝大部分都是清一色的国家中央银行。

监管机构的重叠复杂正是对此的反映，但是这些机构之间却不能统一协调，其中一些甚至没有存在的必要。在 2010 年出版的一篇文章中（见表 4-1），埃里克·潘（EricPan）强调了以下三个方面的重要性：

①监管机构之间的协调以及信息共享比一些结构性的问题，比如是单一监管机构还是两个并行机构，更加重要；②国家级监管机构积极参与同国外监管机构的双边或多边谈判；③其他方面的执行和监管。[3]

二十国集团（G20）

二十国集团成立之初，是为了让更多的国家参与进来，而不仅仅是最富裕的那几个国家——即我们后来所说的七国集团。俄罗斯加入后，七国集团又变成了八国集团。而要讨论重要的世界经济问题，没有中国、印度、巴西、墨西哥和沙特阿拉伯的参与也是不合适的。这20个国家的GDP占了全球总量的90%。

1999年9月，七个主要工业国（加拿大、法国、德国、意大利、日本、英国和美国）的财政部长及央行行长在华盛顿会晤。这次会晤发生在1997~1998年亚洲金融危机之后，标志着二十国集团的正式成立。在全球化大背景下，亚洲金融危机的爆发揭示了国际金融监管的脆弱性。这同时也表明在有关全球经济问题的讨论和决策中，一些重要的发展中国家不能缺席。

二十国集团将以下19个国家的财政部长和央行行长聚到一起：阿根廷、澳大利亚、巴西、加拿大、中国、法国、德国、印度、印度尼西亚、意大利、日本、韩国、墨西哥、俄罗斯、沙特阿拉伯、南非、土耳其、英国、美国。除了这些国家，二十国集团还包括欧盟——由欧洲理事会主席和欧洲中央银行行长代表。[4]

这里并没有描述二十国集团是如何发展到今天的规模的。2008年经济危机的爆发令时任法国总统萨科齐极为震动。他中断了在魁北克举行的法语国家首脑会议，前往大卫营会晤美国总统布什，并说服他组织一次各国首脑级的二十国集团峰会。这一倡议在奥巴马当选总统之后得以实施，尽管他拒绝去华盛顿参加金融峰会。

这样一来，原先仅仅是一场讨论经济不平衡和金融稳定、由各国财长参加的会议，变成了一个政府首脑级的论坛。各国首脑一致同意促进全球金融监管框架的形成和发展，并对二十国集团重新定位。在每次峰会召开前后，媒体也都会大肆宣传，进行各方面的报道。

关于二十国集团峰会要达到的目标，最近有了如下共识。但这些目标都太笼统，因此在监管方面表现平平：

（1）为促进全球经济稳定及可持续发展，成员间政策的制定需协调一致。

（2）改善金融监管现状，减少金融风险，规避将来可能发生的金融危机。

（3）促进国际金融结构实现现代化。[5]

随后，每年举行两次的 G20 峰会变成了一项盛事，尽管每次召开都或多或少会遇到反全球化的示威游行。[6] 而峰会本身却变成了成员国为自己的国内或是地区政策争取支持的工具。每次峰会结束，媒体报道的一连串内容也都变得焕然一新。

但最重要的是，二十国集团促进许多监管倡议的提出，也在世界范围内加快了改革的进程。

金融稳定委员会（FSB）

1977 年，在时任德意志联邦银行行长汉斯·提特迈尔（Hans Tietmeyer）的提议下，七国集团财长和央行行长共同成立了金融稳定论坛（FSF）。[7]

由于二十国集团缺乏这样一个为其工作的机构，因此金融稳定论坛（FSF）正式更名为金融稳定委员会[8]。作为二十国集团的秘书处，金融稳定委员会的职责是在二十国集团规定的政策和原则下，负责监管事务，并在二十国集团的监管框架下，起草相关政策文件并发送给各国监管机构。这一改变发生在 2009 年 4 月举行的伦敦二十国集团会议上。

以下是部分授予金融稳定委员会的权力：

（1）评估全球金融系统脆弱性，确认、检查在此基础上的监管、督查及其他措施实行的及时性及取得的效果。

（2）促进负责维护金融稳定机构之间的工作，使其可以做到协调一致与信息共享。

（3）监控市场的发展，并为相关监管措施的制定提供建议。

（4）为达到相关监管标准的最佳措施提供建议和监督。

（5）参与评估国际标准制定机构的政策，确保其工作及时、协调并有助于消除分歧和差距。

（6）支持监管联席会的设立并为其设定指导原则。

（7）为跨国风险管理应急机制制订应急预案，尤其要考虑系统性的重要机构。

（8）同国际货币基金组织（IMF）协同组织早期预警演习机制。

（9）在章程规定的范围内，执行成员一致通过的其他任务。

金融稳定委员会将会促进和协调规则制定机构（SSBs）那些旨在消除重叠部分和差距的行为，尤其是考虑到一些国家或是地区层面上的结构调整，这些调整往往是与审慎的系统性风险、市场完整、投资者和消费者保护、基础设施以及会计和审计相关的。

二十国集团决定将金融稳定论坛改革成委员会，因为它之前没有发挥应有职能。在国际清算银行的支持下，危机后，它成为负责收集和分析潜在破坏国际金融体系稳定因素的核心部门。2007 年次贷危机之前，它甚至没有发出任何预警，也未曾担心过这场可能会让世界陷入自大萧条以来最严重的危机。[9]

国际清算银行（BIS）及巴塞尔银行监管委员会（BCBS）

国际清算银行（BIS）[10] 就像是全球监管机构，可以算得上是世界中央银行。自从各国央行开始密切关注全球银行业监管，全球监管就在国际清算银行的主持下进行。国际清算银行总部设在巴塞尔，由巴塞尔银行监管委员会（BCBS）[11] 发布银行监管规则，尤其是有关资本充足率方面的监管规则。

巴塞尔银行监管委员会颁布了三套关于银行监管的原则。顾名思义，该机构同国际清算银行一样也设在巴塞尔。国际清算银行并不广为人知，但会聚了各国央行行长的会议最终形成了一个独特的组织。这个组织不仅仅分析讨论那些影响货币政策和财政政策的问题，发展到后来更是吸引了与金融业紧密相关的、重量级的世界金融界的领导者参与其中。

国际清算银行是在"杨格计划"（1930 年）实施的背景下成立的。"杨格计划"是为了处理第一次世界大战后《凡尔赛条约》中规定的德国赔款问题而制定的。国际清算银行成立后即接管了之前由位于柏林的赔款总机构履行的职能：汇总、管理及分配每年需支付的赔偿金。国际清算银行由此得名。同时在成立之初它还是道维斯和杨格贷款（与金融赔偿有关的国际贷款）的受托人，发挥着促进各国央行之间合作的作用。[12]

《经济学人》曾称国际清算银行是"来自巴塞尔的布道者"[13]，《纽约时报》则将其称作"巴塞尔之塔"，这些都已广为人知。如今，国际清算银行已是世界上历史最悠久的国际金融组织，其主要机构之一——巴塞尔银行监管委员会旨在探索制定全球资本监管的行业标准，扮演着金融智库的角色。[14]

国际货币基金组织（IMF）

布雷顿森林是位于美国新罕布什尔州的一个小镇，英国人和美国人在这里举行会议后，国际货币基金组织（IMF）的任务[15]就此确立，即在战后的环境中对当时所谓的发展中国家进行援助和支持。[16] 在由过度负债和结构性国际收支赤字引起的数次经济危机中，国际货币基金组织的干预都发挥了重要作用，从而避免了这些经济体陷入崩溃。

国际货币基金组织的基本任务是确保国际体系的稳定。主要通过三种方式：记录全球经济和成员国的经济状况；贷款给有国际收支困难的国家以及为成员国提供切实的帮助。

国际货币基金组织由 188 个国家组成，致力于促进国际货币合作、维持金融稳定、促进国际贸易、促进就业和可持续的经济增长以及在世界范围内消除贫困。[17]

这些目标说明国际货币基金组织（IMF）从来都不是一个金融监管机构。然而，自从克里斯蒂娜·拉加德（Christine Lagarde）成为国际货币基金组织总干事以来，国际货币基金组织对于银行业的健康运营和改革情况的干预明显增多。这是其前任多米尼克·斯特劳斯·卡恩（Dominique Strauss-Kahn）的既定目标——使国际货币基金组织成为世界央行——的一部分吗？最起码他们都在金融稳定领域获得了授权。

在最近有关金融稳定的一次演讲中，国际货币基金组织副总裁筱原尚之（Naoyuki Shinohara）就谈到了银行业，尤其是欧洲银行业的问题：

在欧元区，尚未恢复的欧洲银行业的代价非常大，因为这阻碍了对实体经济的信贷传导。正常运转的银行对经济恢复的支持作用不言而喻，因此银行的复苏就显得至关重要。在某些情况下，额外的银行资本以及充足的准备金都是必要的，因为可以增强总体的缓冲能力。银行的恢复过程，包括充分的资产质量审查、压力测试等，应该有充足的资本支持。如果需要的话，应该设立一些国有资产管理公司或其他公司来收购并管理那些严重的不良资产。这样可以为银行提供刺激措施以估量或减记那些不良贷款和减值贷款。[18]

虽然国际货币基金组织可以监控新兴经济体的银行业发展情况，但它无权干涉、救助或重组银行体系。在金融危机期间，针对国际货币基金组织的批评纷至沓来，但这其实与其本身并没有很大的关系，倒是国际清算银行（BIS）更应该为缺乏远见而负责。

布雷顿森林体系指的是一种国际货币管理方式，这是经过结盟的各个国家在1944年美国的布雷顿森林一致通过的。在布雷顿森林会议上还创立了国际货币基金组织和世界银行，设立了以美元作为国际储备货币的固定汇率制度。为保障信誉，美国同意确定以美元兑黄金的固定交易价格。[19]

对于国际清算银行来说，保持其在银行资本监管领域经营了几十年的主导权是十分重要的。然而，在这关键领域，确实不需要双重领导。

国际证监会组织（IOSCO）

国际证监会组织（IOSCO）[20] 的总部位于马德里，证券监管者们在这里就影响证券市场完整性的问题展开讨论，并发布了大量的相关规定。

国际证监会组织成立于 1983 年，会集了世界各国的证券监管者，是国际承认的全球证券行业标准制定者。该组织进一步发展、实施并促成了与证券监管相关的国际公认标准，同二十国集团和金融稳定委员会一起为实现国际监管改革的目标而努力。

但与以往的机构相比，国际证监会组织并无法定权力在国家监管机构中强制推行其规定。以美国证券交易委员会（SEC）[21] 为例，虽然它也积极推进由国际证监会组织规定的工作，但它从来就没打算接受国际证监会组织所谓"建议遵循"的那些规则。人们发现在同多边管辖权相关的规则和制度方面，美国人向来极不情愿接受。国际证监会组织最终的报告《有关复杂金融产品分销的适用性规定》在 2013 年 1 月出炉时，美国证券交易委员会就直接拒绝执行。

国际证监会组织发布的最终报告名为《有关复杂金融产品分销的适用性规定》。为准确起见，我们认为发表以下声明十分重要：我们反对这份最终报告的发布，证券交易委员会也并未批准其发布。在我们看来，最终报告并未能反映美国相关法律的要求，美国的监管体系也没有与其保持一致的必要，这是我们持反对态度的主要原因。在做出我们需遵循的适用性相关要求的决定时，最终报告并没有尊重中小投资者与机构投资者之间的区别，对此我们尤其难以认同。[22]

国际会计准则理事会（IASB）

国际会计准则理事会（IASB）[23] 总部位于伦敦，这一理事会发布了国际财务报告准则（IFRSs）[24]，包括那些适用于金融机构的准则。

国际财务报告准则的主要目标如下：

（1）以国际会计准则理事会作为规则制定的主体，单独开发出一套可以在全球范围内被理解、接受及推行的高质量的国际财务报告准则；

（2）推广这些标准使其程序更加严格化；

（3）考虑新兴经济体及中小企业对财务报告的需要；

（4）在国内会计标准与国际财务报告准则的融合过程中，促进和推广采用国际财务报告准则，这些准则由国际会计准则理事会负责设立标准和说明。

为创建一个全球统一的金融体系，需要许多基本工具，其中就包含一套逐渐趋同的国际会计准则。[25] 在所谓的"概念框架"[26] 中包含了相关的原则：

如果没有这些准则的话，金融资产及其交易计算的方式就会非常多样化，不同国家间也会产生差异。因此，针对待评估的经济实体，无论采取何种规则和监管方法，都必须要有相同的标准。但现行的规则却不然，它还使美国和欧洲之间产生严重分歧。[27]

这只是被忽视的迹象之一，之所以没有完全统一的标准是因为根本就没有什么公共资金支持。不过这倒也给一些国家和专业人士留下了自由发挥的空间，他们可以对此做出不同的解释，或是施展自己的影响力。

这是一项困难的任务，其复杂性最为让人头疼。但是我们也应坚持一条首要原则，即那些已经做出承诺的国家在采取国际财务报告准则时不可模棱两可。正如国际会计准则理事会主席在一次会议中所说的那样，照单点菜的行为是不能被接受的：

国际财务报告准则的前提，正是理性选择主义者所说的"集体行为的困境"。如果我们能够团结一心，依据我们自身的知识和专业素养单独制定出一套高质量的标准，并遵守这一标准，将这一过程中获得的总投入考虑在内，那我们的情况都会好转。但是如果有些司法管辖区——尤其是那些大的司法管辖区——又回到照单点菜的行为模式上去，那其他地方也会群起效尤。[28]

国际保险监管者协会（IAIS）

保险业的全球监管组织即国际保险监管者协会（IAIS）[29] 负责讨论各种原则和政策。成立于 1994 年的国际保险监管者协会代表着保险监管机构和将近 140 个国家的 200 多个透明的司法管辖区，占世界保险业保费的97%。它拥有 130 多位观察员。国际保险监管者协会的目标如下：

（1）促进对保险业有效而一致的全球监管，以发展和维护公平、安全、稳定的保险市场，为投保人谋求利益并提供保护；

（2）为全球金融稳定做出贡献。

在这里同样可以看到金融稳定占据着重要的地位。在国际保险监管者协会 2012 年第一次发布的《全球保险市场报告》中，就包含对保险业及其监管机构的全面分析。[30]

欧盟偿付能力Ⅱ框架，即人们熟知的偿付能力监管标准Ⅱ框架包含的规则在 2013 年 11 月 14 日已经获得政策批准。这一折中的方案削弱了欧洲保险监管机构的影响。欧洲保险、欧洲保险业的从业人员都对这一协定表示满意：

然而，这一协定也因有妥协之嫌招致了一些人的非议，主要是代表着国内集团的各国政府。有关欧洲保险和职业养老金管理局需要更全面而协调的权力的呼声也不再那么高涨了。[31]

美国财政部最近呼吁对保险公司进行更多的监管。这么做的原因主要是保险公司受国家监管，而国家同时又对保险公司征税。

美国财政部周四呼吁联邦在保险业的监管中应该扮演更重要的角色，尤其是在抵押贷款保险领域、收集和使用私人数据以确定价格方面以及风险管理方面。[32]

全球保险业监管绝对不是一件简单的事。尽管保险公司呼吁一致监管以避免监管套利，有几个方面他们还是应该好好考虑一下。

美国和欧盟的一次对话，包含了对这些重要问题的担忧：

　　此次对话正式形成了一份关于两种监管制度的书面比较，其中一些方面有望成为欧盟偿付能力Ⅱ框架协议的一部分，可在美国和欧盟推行。

　　委员会就下列七项议题达成一致，这对形成一个良好的监管制度具有基础性的重要作用，也有利于维护投保人的利益，促进金融稳定：

　　（1）专业的保密要求；

　　（2）集体监管；

　　（3）偿债能力和资本要求；

　　（4）再保险和抵押要求；

　　（5）监管报告、数据收集和分析；

　　（6）监管同行评审；

　　（7）独立的第三方现场审查和监督。[33]

　　针对全球那些具有系统重要性的保险公司（G-SIIs），金融稳定委员会（FSB）授权国际保险监管者协会（IAIS）直接制定一套支持资本金要求（BCRs）。这一标准适用于所有的整个集团，包括那些非保险类型的子公司。

　　在缺乏一个更全面的全球保险资本标准（ICS）的情况下，支持资本金要求作为全球具有系统重要性的保险公司政策框架的一部分，将会成为更高资本损失吸收能力（HLA）要求（2019年1月起适用）的基础。

　　金融稳定委员会和国际保险监管者协会已经表示，提出支持资本金要求的主要原因在于确保能够涵盖包括非保险活动在内的所有活动。针对跨司法管辖区域的非传统和非保险活动以及具有系统重要性的保险公司，为更高的资本损失吸收能力提供一个相对较公平的基础。[34]

　　很明显，当务之急就是确保保险公司，尤其是那些具有系统重要性的保险公司拥有足够的资本，以避免它们发展成为系统性风险。这样也会将保险公司置于各自的监管者的管理之下。

　　2013年12月19日，国际保险监管者协会就下列问题进行了第二次磋商：

　　针对支持资本金要求及其与其他现存的监管举措的关系，第二次磋商进行了一系列与此有关的问题的特别评论。这些对具有系统重要性的保险公司及在国际上活跃的保险集团（lAIGs）都会产生影响：

（1）支持资本金要求的职能现在足够明确吗？

（2）同现有的国家标准相比，支持资本金要求应该维持在何种水平之上？

（3）支持资本金要求是否只是一种暂时性的举措，等到基于风险的全球保险资本标准就位后就会停止采用？还是会一直持续应用下去？

（4）为了完善之前提出的全球保险资本标准，是否应该引入一种一站式的资本标准作为支持资本金要求的补充，还是取代它？如果需要这样做的话，同支持资本金要求相比，这种一站式的资本标准的目的又是什么？

（5）这种对资产和负债的估值具有充足的全球适用性吗？

（6）一种基于特定因素的、具有风险敏感性和简明性的均衡状态能实现吗？

（7）国家或区域框架还处在不断实施和调整中，支持资本金要求如何融入其中？

（8）监管者要如何将支持资本金要求在不同的司法管辖区内推行呢？[35]

美国国际集团的破产可能比对任何一家银行救助的结果都要糟糕，因为这清晰地释放出一个与保险公司的金融活动相关的严重信号。这一过程才刚刚开始，但已经引起了人们的审慎思考。将公司推向深渊的高管至今还在纽约寻求道德投诉。

美国国际集团前高管仍在对纽约检察官进行道德投诉，后者被指控在2005年使他们丢掉了在保险巨头公司的工作。

莫里斯·汉克·格林伯格（Maurice Hank Greenberg）和霍华德·史密斯（Howard I.Smith）针对公众道德联席委员会提出投诉，称其助理总检察长大卫·艾伦霍恩（DavidEllenhorn）有撒谎之嫌，他称88岁的格林伯格故意将斯塔尔公司公有化，现在他是这家公司的首席执行官。[36]

同时，偿付能力Ⅱ框架协议的执行日期被推迟到了2016年1月1日，但作为欧洲监管机构的欧洲保险和职业养老金管理局（EIOPA）却倾向于在 2014 年和 2015 年执行其中的一些条款。

注　释

〔1〕http：//files.shareholder.com/downloads/ONE/2651019379x0x556144，cafb598e－ee88－43ee－a7d370673d5791a1/JPMC_2011_annual_report_letter.pdf#page=19&zoom=auto，0，770.

〔2〕http：//www.bis.org/regauth.htm.

〔3〕http：//www.uiowa.edu/~tlcp/TLCP%20Articles/19－3/pan.finalfinal.jyz.121610.pdf.

〔4〕〔5〕二十国集团的代表着：

（1）90%全球国民生产总值；

（2）80%全球国际贸易；

（3）2/3 的世界人口；

（4）二十国集团化石燃料排放气体是全球的 84%；

http：//www.g20.org/docs/about/about_G20.html.

〔6〕www.italymagazine.com/italy/sardinia/anti－globalisation－activists stage－naval－siege－g8.

〔7〕为促进国际金融体系稳定，七国集团的部长和财长们委托德国央行行长提特梅耶（Dr. Tietmeyer）推荐一个新的结构框架以加强不同国家、国际监管机构和国际金融机构之间的合作。www.financialstabilityboard.org/about/history.htm.

〔8〕www.financialstabilityboard.org/activities/index.htm.

〔9〕詹森·利韦里（Jason Liberi）：《金融稳定论坛：朝着正确的方向迈出了一步，但远远不够》，宾夕法尼亚大学，《国际经济研究》。www.law.u-penn.edu/journals/jil/articls/volume24/issue/Liberi24U.Pa.J.Int% 27lEcon.L.549%282003%29.pdf.

〔10〕〔12〕www.bis.org/about/history.htm.

〔11〕巴塞尔银行监管委员会为银行业监管事务的定期合作提供了研讨平台。它的目的是加深对主要监管事由的理解，在全球范围内提高银行监管质量。www.bis.org/bcbs/.

〔13〕www.economist.com/blogs/schumpeter/2013/06/money-talks-june-24th-2013.

〔14〕如今，作为巴塞尔银行监管委员会的组织之一，国际清算银行已发展到一种开明的阶段。该委员会作为金融专业智库，旨在自发地制定全球资本自律标准。www.nytimes.com/2013/07/21/books/review/tower-of-basel-by-adam-lebor.html.

〔15〕www.imf.org/external/about/overview.htm.

〔16〕国际货币基金组织工作报告：《关于全球贸易解放和发展中国家》，2001 年 11 月。www.imf.org/external/np/exr/ib/2001/110801/htm.

〔17〕www.imf.org/external/about/ourwork.htm.

〔18〕筱原尚之（Naoyuki Shinohara）：《通往更稳定金融的道路：我们在哪里，需要做什么?》，第八届关于风险、银行和金融稳定的会议，巴厘岛，印度尼西亚，2013 年 9 月 25 日。www.imf.org/external/np/speeches/2013/092513.htm.

〔19〕1944 年在新罕布什尔州布雷顿森林召开的一次国际会议上签署了具有里程碑意义的协议，目的是确保“二战”后货币体系的稳定，它主要是通过了使用固定汇率制度的决定。该协议还建立了世界银行和国际货币基金组织。http：//lexicon.ft.com/term? term=bretton-woods.

〔20〕国际证监会组织的成员管理全球 95% 以上的证券市场。它的成员包括超过 120 家证券监管机构和 80 个证券市场（如证券交易所、区域性金融机构和国际组织等）。国际证监会组织是唯一的国际金融监管机构，它的成员包括所有主要的新兴市场国家。www.iosco.org/.

〔21〕证券交易委员会的职责是保护投资者，维护公平、有序和有效的市场秩序，并促进资本信息形成。www.sec.gov/about/whatwedo.shtml.

〔22〕《金融产品分配的适用性需求》。www.sec.gov/News/PublicStmt/Detail/PublicStmt/1365171492100#.UoVWsOK6nj5.

[23] www.ifrs.org/The –organisation/Pages/IFRS –Founfation –and –the –I –ASB.aspx.

[24] www.ifrs.org/IFRSs/Pages/IFRS.aspx.

[25] 布莱恩·博斯（Brian Booth）：《会计准则制定的一致性框架》。Abacus 39，2003 年 10 月，第 310-324 页。http://ssrn.com/abstact=480891.

[26] 国际会计准则理事会发表在公共评论上的一篇讨论稿，探讨了国际会计准则理事对概念框架的可能变化。讨论稿是修订提出概念框架的第一步（2013 年 7 月 18 日）。www.ifrs.org/Alerts/ProjectUpdate/Pages/IASB –publishes –a –Discussion –Paper –on –the –Conceptual –Framework.aspx.

[27] 马里奥·德拉吉（Mario Draghi）、罗伯特·博森（Robert Pozen）：《美国与欧盟的监管趋同：以资本市场为例》，哈佛大学，约翰·奥林法律、经济和商业中心，2003 年 10 月。www.law.harvard.edu/programs/olin_center/papers/pdf/444.pd.

[28] www.ifrs.org/Alerts/Conference/Documents/2013/Michel –Prada –FASF –November –2013.pdf.

[29] 国际保险监管者协会网址。www.iaisweb.org/.

[30] 《全球保险市场报告》。www.iaisweb.org/Global –Insurance –Market –Report –GIMAR –962.

[31] http://online.wsj.com/news/articles/SB100014240527023032899045791973821 05891634.

[32] http://dealbook.nytimes.com/2013/12/12/treasury –urges –more –federal –oversight –of –insuraance/? _r=0.

[33] 毕马威会计事务所：《进化中的全球保险业监管》。www.kpmg.com/Global/en/IssuesAndInsights/ArticlesPublications/evovling –insurance –regulation/Pages/interational –developments.aspx.

[34] 国际金融协会：《全球监管升级》，2013 年 11 月。www.iif.com/regulatory/.

［35］www.iaisweb.org/index.cfm？pageID=1141.

［36］http：//abcnews.go.com/US/wireStory/aig-executives-pursue-ny-ethics-complaint-21290823.

第五章

资本充足率、流动性和杠杆比率：迈向《巴塞尔协议Ⅲ》

"针对短期大规模融资造成的结构性失衡，采取特殊的缓释措施确属当务之急，这不仅是出于对被监管机构的考虑，对于整个金融系统也是有益的。"

——美联储理事丹尼尔·K.塔鲁洛（Daniel K. Tarullo）

市场全球化日益加深，一些国家禁不住诱惑，利用薄弱的国内监管政策到国际金融舞台上参与竞争。因此竞争规则必须依据全球水平来提出，关键的金融稳定不能由国家监管来主导。

但不得不说，我们目前还没有实现国际（无论是全球还是欧盟）和国家之间监管的平衡。面对国内政治危机，政府和监管者往往各行其是，这对于实现强有力的国际协调这一目标而言肯定不是好事。[1]

竞争因素之外还存在着更大的风险。如果一些国家的稳定性比较低，那么极有可能引发银行危机。金融系统间紧密联系的特征决定了这种危机一旦爆发便会迅速蔓延。因此创造一个比较稳定的金融环境就显得十分必要，这需要对银行资产负债表中的充足率采用相同的规则和标准（见图5-1）。[2]

《巴塞尔协议Ⅲ》是由巴塞尔银行监管委员会制定的一套全面的改革措施，用来加强对银行业的监管、监督和风险管理。这些措施的目的在于：

（1）提高银行业对冲击的应对能力，这些冲击可能来自金融或经济压力，或来自其他方面；

（2）改善风险管理和监管；

（3）提高银行的透明度和信息披露力度。

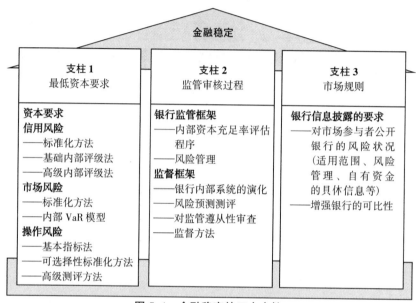

图 5-1　金融稳定的三大支柱

资料来源：http://basel-certification.com/wp-content/uploads/2009/10/basel-pillars.jpg.

　　传统意义上，资本充足率是重要的资本比率，用以衡量反映在资产负债表中银行的所有者权益和风险之间的关系。所有者权益曾经是（现在依然是）银行的核心资产：银行向外借贷以及业务增长的能力与其资产负债表中自有资金的水平是紧密相关的。而最近的经济危机却证明，流动性危机完有可能在信用危机之前爆发，因此必须提高流动性比率。银行拥有充足的所有者权益去支撑资产和负债是不够的，它还需要管理自身的流动性风险，以确保信任危机发生时自身的稳定不会受到影响。

　　最近，由于一些尚存争议的原因，国际清算银行制定了第三种比率：全球杠杆比率。那么银行的所有者权益在资产负债表中的占比是多少呢？

　　《巴塞尔协议Ⅲ》的日程表（见表 5-1）一直在变化，但最终日期定在2019 年。为这一协议的最终执行，一系列具有里程碑意义的事件逐一实施。

表 5-1 《巴塞尔协议Ⅲ》实施计划

	阶段	2013年	2014年	2015年	2016年	2017年	2018年	2019年
资本	杠杆率		并行处理，2013年1月1日到2017年1月1日 信息公开，2015年1月1日				转移到支柱1	
	最低共同股本比率	3.5%	4.0%		4.5%			4.5%
	资本留存缓冲				0.625%	1.25%	1.875%	2.5%
	最低普通股本加资本保守性缓冲区	3.5%	4.0%	4.5%	5.125%	5.75%	6.375%	7.0%
	CET1 中扣除的部分		20%	40%	60%	80%	100%	100%
	最低一级资本	4.5%	5.5%		6.0%			6.0%
	最低总资本			8.0%				8.0%
	最低总资本加保护缓冲区		8.0%		8.625%	9.25%	9.875%	10.5%
	不再作为非核心的资本工具，一级资本或二级资本	从2013年开始逐步淘汰						
流动资金	流动性覆盖率最低要求			60%	70%	80%	90%	100%
	净稳定资金率						引入最低标准	

注：* 包括超过递延所得税资产抵押服务权利和财务限制的数额。

资料来源：www.bis.org/bcbs/basel 3/basel 3_phase_in_arrangements.pdf.

第一部分：资本充足率

对资本充足率的监管已经进行到了第三阶段，这也是《巴塞尔协议Ⅲ》（Basel Ⅲ）名称的由来（见表5-2）。

即便是实力雄厚的银行也会被资本充足率不高的银行连累，这是由金融体系内部相互联系的特征所决定的。雷曼兄弟危机后，巴塞尔委员会立即进行了新一轮有关资本充足率的磋商。很明显，之前适用《巴塞尔协议Ⅱ》的几家银行机构的破产表明，《巴塞尔协议Ⅱ》已经过时。

将《巴塞尔协议Ⅲ》应用于多个法律系统是一项挑战。自颁布以来，我们还不清楚美联储[3]或是欧盟委员会[4]是否会对《巴塞尔协议Ⅲ》

表 5-2　监管目标—(2) 增加资本数量

《巴塞尔协议Ⅲ》包含了各种旨在提高机构资本水平的措施并提供逆周期机制

主要变化	解释
一级最低普通股权益： ● 从 2%增加到 4.5% ● 增加 2.5%资本保护缓冲 ● 将普通股权益需求总量提高到 7% ● 从 2013 年到 2019 年，分阶段实施 最低总资本： ● 从 8%增加到 10.5%（包括保护缓冲） ● 从 2013 年到 2019 年，分阶段实施 逆周期的资本缓冲处在开发阶段，预计将在过度信贷增长时期通过增加资本缓冲来实现	● 银行将面临额外的资本要求，而这一缺口的大部分要通过普通股本或保留股息来筹集 ● 原则上，银行可以在压力时期利用资本缓冲机制，但考虑到收益分配的相关限制，银行似乎不太可能这样做 ● 因此，银行很可能会以更高的普通股作为目标，而市场对一级普通股权益的市场期望似乎在向 9%接近 ● "支柱 2"风险可能会有附加风险，即具有系统重要性的机制和逆周期资本缓冲，因此银行可能会将资本总量控制在 12%~15%

注：毕马威有限责任公司是特拉华州有限责任合伙公司和美国公司。它是隶属美国毕马威集团的成员公司和毕马威国际公司独立会员，其中，毕马威国际是一家瑞士公司，保留在美国的所有权利。毕马威的名称标志和"复杂性的切割"是毕马威国际的商标。

资料来源：毕马威有限责任公司。www.kpmg.com/Global/en/IssuesAndInsights/ArticlesPublications/Documents/basell-III-issues-implications.pdf.

进行调整以适应各自的法律体系。资本充足率的估量是为了防范风险，主要通过风险加权资产（RWAs）得以实现。

银行风险加权资产是指其信用风险加权资产和操作风险的风险加权资产总额减去预期风险损失（ECL）的总额（预期风险损失即不包含在二级资本分配和转移风险准备当中的那一部分）。[5]

资本充足率[6] 的大幅上调会增加几个大型银行机构间的资本金要求。与估值折扣相关的最有趣的规则之一就是银行必须接受这些资产（见表 5-3）。

最有趣的是，主权债券也不是零风险加权资产。换言之，即便是信用最好的资产，如果其期限超过一年的话，银行也必须计提 3A 到 2A 级主权债券投资价值的 2%。即便是短期债券，也要计提 0.5 个百分点。与银行和主权国家相关的债券不再可以当作免费的午餐，这会影响到那些过度负债的国家。

表 5-3 针对证券—现金交易的几个估值折扣层次提议

抵押品的剩余期限	估值折扣层次	
	公司及其他债券	证券化产品
小于等于 1 年的债券和浮动利率债券	0.5%	1%
大于 1 年、小于等于 5 年的债券	1%	2%
大于 5 年的债券	2%	4%
主要的参考股票	4%	
框架内的其他资产	7.5%	

资料来源：www.secfinmonitor.com/sfm/wp-content/uploads/2013/09/haircuts.jpg.

《巴塞尔协议 II》监管的失败

《巴塞尔协议 II》比率一开始被称作麦克多诺比率，得名于时任纽约联邦储备银行主席的比尔·麦克多诺（Bill McDonough）。但在联邦储备银行决定美国的银行不再适用这一比率后，人们就逐渐不再提这个名字了。美国的银行系统承担了巨大的压力，最终导致了金融危机的爆发。

最近，一些银行的倒闭表明银行系统资金不够充足。即便是之前的《巴塞尔协议 II》标准也没有为此提供足够的保护，一些银行采用了《巴塞尔协议 II》标准，但最终也陷入了困境。出于这些原因的考虑，必须下决心制定一个更强硬的标准。

《巴塞尔协议 I》：通行 25 年的规则

《巴塞尔协议 I》即广为人知的库克比率，得名于英格兰银行副行长库克。这一比率最初是围绕划定资产性质而制定的。虽然主权风险被公认为不需要任何资本匹配，但是权益投资必须遵守一对一的原则。

然而，这些相对简单的经验却带来了意想不到的后果：银行开始在所需的权益分配基础上寻找资产以减少资本占用，而不是提高资产的质量。

《福布斯》杂志最近的一项分析表明，美国的银行取得了积极的进步，但它们的资本充足率并没有超过《巴塞尔协议 III》中的要求。[7]

欧盟资本要求指令Ⅳ

尽管负责国际市场的欧盟委员米歇尔·巴尼耶（Michel Barnier）曾说过，欧委会想提起一份倡议，充分尊重《巴塞尔协议Ⅲ》[8] 的精神、书面协议及所要达到的宏伟目标与平衡，但欧盟仍对遵守《巴塞尔协议Ⅲ》所做的承诺存有异义[9]。

资本要求指令Ⅳ和资本要求监管条例（CRD IV/CRR）的最终版于2013 年 6 月 17 日在欧盟官方公报发表（Official Journal of the European Union），并于 2014 年 1 月 1 日在整个欧盟生效。欧盟各成员国的监管机构已经就本国应对 CRD IV/CRR 的措施进行过咨询。[10]

2013 年 12 月 19 日，英国审慎监管局（PRA）发布了其监管规则和声明，审慎规则适用范围涵盖了银行、建房互助协会及投资公司，是对欧盟资本要求指令Ⅳ的一个补充。欧盟资本要求指令Ⅳ正式发表在 2013 年 6 月 27 日的官方公报上（这一监管措施根据随后的勘误表做了调整）。规则中包含的大部分规定从 2014 年 1 月 1 日起开始实行。[11]

欧盟委员米歇尔·巴尼耶（Michael Barnier）表示：

我欣然接受由巴塞尔委员会一致通过的对流动性覆盖率的修改，并且也对这一比率的分阶段引入做了清晰的日程安排。这是一项重大的进展，它解决了欧盟委员会之前提出的问题。我们现在需要充分利用观察期，在 2015 年新的流动性覆盖率生效之前（在符合欧盟法律和巴塞尔标准的前提下），从欧盟银行业监管局就观察期所提供的报告中发现问题。[12]

毫无疑问，通过制定比《巴塞尔协议Ⅲ》更高的资本金要求（8%而不是 6%），欧盟意识到在危机到来时自身的资本缓冲并不充足。近期出于增强金融系统稳定性的考虑，CRD IV（资本要求指令Ⅳ）在执行时已经有了一些变化，以保障债权人和纳税人的利益。在提升国际化的同时，确保欧盟银行业的国际竞争力，促进内部市场的完整性。[13]

然而，正如《金融监管的单一规则》（*A Single Rule Book for Financial Regulation*）一书所言，在欧盟推行的资本要求指令和规定肯定要包含一些具体的实施措施。[14]

第二部分：流动性

流动性是指可以转换为现金的资产的充裕程度。通过比较一个公司的流动资产与短期债务，我们可以大概得到一个公司所应对短期债务的能力。通常情况下，流动资产被认为是最具流动性的公司资产。然而，也有一些流动资产可能比其他资产更具固定性，因而对流动资产的具体组成进行评估十分重要。[15]

金融领域在资本配置方面已经发生了翻天覆地的变化，同样投资者、政府和企业出于金融要求的资金也发生了巨大的变化（见图 5-2）。

在美国，存款资金的资产份额大幅下降到原来水平的 1/4。这意味着其他形式的资金已取代传统负债。因此，银行失去了对这些负债的唯一控制。

《巴塞尔协议Ⅲ》（Basel Ⅲ）吸取了之前 2008 年金融危机时流动性危机的教训，特别是许多严格标准下的资本流动性问题。[16] 毫无疑问，流动性风险是很重要的，但对监管者而言，它代表着一种巨大的挑战。如果他们对此太过宽容，低比率对改进银行风险管理起不到任何作用。这是一次理念的飞跃，因为要是在过去，这会被认为是不合理的事情。

然而，银行非居间投资的增值能力向来为人所称道，他们甚至将此称为一门艺术。这一功能倒不仅是通过存款来承担信用风险的。他们通过扩张长期贷款或资产来实现增值。过于严格的流动比率会造成长期融资的结构性短缺，对加工制造业来说尤其如此。要实现这两个目标之间的平衡是一个严峻的挑战。

《巴塞尔协议Ⅲ》的流动性覆盖率旨在确保"银行对高质量的流动资产储备充足，可以在 30 个自然日的流动性压力条件下，在私有市场上很轻松转换为现金流以满足流动性需求"。巴塞尔委员会 2013 年 1 月的声明中如是说道：

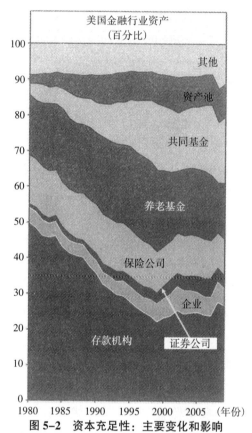

图5-2 资本充足性：主要变化和影响

资料来源：爱什克·维尔·毕哈提：《新全景、新挑战：美国金融业的结构改变和监管》，2007 年国际货币基金组织工作报告。

根据巴塞尔委员会的规定，大银行的流动性覆盖率（LCR）在 2015 年 1 月初始阶段必须至少达到 60%。到 2019 年 1 月相关规定完全适用后，这一比例要上升到 100%。那些大银行的稳定融资比率（NSFR）也终将被要求保持在 100%。稳定融资比率（NSFR）用来衡量银行的"稳定"资金，以满足 12 个月内的流动性需求。[17]

流动性比率为长期债务提供缓冲，以覆盖银行在其投资组合中的一些长期资产。银行稳定的融资来源之一是存款。为长远打算，现有针对银行的流动性比率需要修改，因为这些提议抑制长期融资，而对于经济的正常运行来说，长期融资又是必不可少的。

　　然而，美国联邦储备理事会似乎对当前的流动性比率并不满意。美国联邦储备理事会主席本·伯南克（Ben Bernanke）2013年10月在华盛顿说道：

　　流动性对银行的生存和金融体系的平稳运行而言至关重要。提议中的规则将会第一次在美国建立定量的流动性需求，这将与其他改革一起，营造一个更有弹性、更安全的金融系统。[18]

第三部分：杠杆比率

　　《巴塞尔协议Ⅲ》的改革引入了一个简单、透明、无风险的杠杆比率，作为风险资本要求的可靠补充措施。这一杠杆比率的目的是：

　　（1）限制银行业杠杆比率，以避免去杠杆过程中因不稳定因素损害泛金融体系和经济；

　　（2）以一种简单、无风险的担保措施来加强风险资本要求。

　　巴塞尔委员会认为：

　　（1）对于风险资本框架而言，一个简单的杠杆比率框架和相关补充是至关重要的；

　　（2）可靠的杠杆比率可以确保获得足够且充分的银行资产负债表内及表外的杠杆作用。[19]

　　《巴塞尔协议Ⅲ》不满足于前两个比率的综合效果，便引入了一个杠杆比率来限制那些忽视资产质量的负债表的规模。

　　直观地说，这个比率似乎是显而易见的。银行的流动性和资本充足率依然可能因其资产负债表的规模而导致不平衡，对于一些国家来说尤其如此，它们持有的主权债务并无资本充足率和流动性的限制要求，但却在其资产负债表中占比很大。意大利银行的情况对日本银行具有重大的借鉴意义，因为后者同样可能面临债务危机。

　　据两名相关人士透露，美联储已决定推迟对美国八大金融机构实施杠杆限制，直到达成一项全球协议。

"美联储官员希望等到巴塞尔银行监管委员会的完整规定出台后，再决定美国国内银行对于资本占总资产比例的要求。"在这一比率尚未公开之前，一名匿名人士如是说。相对于美国的计划，国际协议来得似乎比较迟缓。[20]

巴塞尔银行监管委员会（BCBS）制定的杠杆比率可追溯到2014年。这一比率维持在3%左右。这意味着银行持有的资产不得超过其权益的33倍。许多人可能认为这样的规定无关痛痒，但对这一比率的抵制表明，至少有些银行需要对其资产负债表进一步去杠杆。

这一比率源于这样一个事实，即当时的流动性和资本比率可能比较复杂，银行在处理风险时需要参照其他比率。而这一比率最不易被操纵。

是否要越过全球《巴塞尔协议Ⅲ》中杠杆比率3%的规定，英国有些人还在为此争论。这是不明智的，4%的比率会给银行和客户带来麻烦。杠杆比率背后维持金融稳定的作用也将不复存在。更高的比率可能会激发不正当的行为，银行也会优先考虑高风险借贷而非抵押贷款或其他形式的安全贷款。这不仅会增加客户抵押贷款成本，更是政策制定者努力避免的行为。

但奥斯本（Osborne）和卡尼（Carney）看来要决心竭尽所能促进集中监管。我们只好加快进程，接受这样一个相对较高的杠杆比率。且看它是不是会给英国的经济带来益处。[21]

2014年4月，美联储宣布美国的银行杠杆比率为5%。

欧洲保险行业资本充足率：偿付能力Ⅱ

最详尽的保险监管规则当属欧盟的偿付能力Ⅱ，这一规则旨在：

（1）探究当前保险业、风险管理、金融技术、国际财务报告和审慎标准等的发展。

（2）简化保险集团监管方式，确认保险组织赖以运作的经济实况。

（3）强化保险集团监管者的权力，确保集团风险不会被忽视。

（4）加强监管者之间的合作。保险集团可以运用泛集团化模式，利用集团多元化的好处。[22]

人们可能会问，欧盟委员会为什么要参照资本要求指令Ⅳ再针对保险公司出台一个相似的规则呢？

我必须承认这个事实：相较于银行而言，保险公司是更好的风险管理者。它们使用各种偿付比率已经有数十年了，也证明这样是适当的。唯一出现重大意外的是美国国际集团（AIG）。但意外并不是发生在保险业务方面，该业务到现在还一直保持着强劲的势头。其董事长兼首席执行官汉克·格林伯格（Hank Greenberg）在没有完全告知董事会的情况下，授权使用AAA评级和资产负债表，并签下了有关衍生品的合同。这一合同中包含了很多风险，特别是对于许多银行而言的次级抵押贷款信用违约互换风险。

是因为美国国际集团（AIG）的金融产品部设在伦敦，欧盟委员会才决定对保险业进行监管吗？如果是更具全球化性质的创举，会不会更为有效呢？

按照黑岩公司（世界上最大的资产管理公司）[23]董事长兼首席执行官拉里·芬克（Larry Fink）在2013年国际金融协会（IIF）春季会议上的说法，最终的结果是保险公司股权减半。这一意想不到的结果让欧洲失去了股权融资的可能。

与此同时，为确保经济增长而提升对长期融资的需要，二十国集团所选择的方向可能会损害这种政策性的增长。

这也可能会导致该行业的进一步整合。

韦莱再保险公司董事总经理大卫·西蒙斯（David Simmons）曾说，欧洲许多小的保险公司，尤其是那些相互保险的公司此次受偿付能力Ⅱ的冲击最为严重。他说新规定可能会因缺乏多种经营而处罚它们，而且这些公司筹集资本的能力也确实有限。它们也缺乏应对复杂风险管理的资源，难以达到欧盟资本要求指令Ⅳ的需要。[24]

对于那些具有系统重要性的金融机构，监管者有时会以一种间接的方式继续影响更多的大型国际保险公司。韬睿惠悦顾问公司（Tower Watson）总结了近年来发展的主要领域：

对于保险公司来说，当各国的国内监管发生变化时，全球监管主要有以下表现：

（1）对于国际活跃保险集团（IAIG）而言，除了本地政府的监管要求之外，国际保险监管协会会运用通用框架对其进行一整套的定性以及定量监管，监管范围扩大至非保险业务。

（2）对于在全球范围内相互联系、具有市场重要性的较大规模保险公司，应在金融稳定办法的指导下，确立一些可以预防保险业系统风险的措施。

（3）对保险公司而言，全球范围内各国各地区的地方监管机制都被看作是偿付能力Ⅱ等的有效进程或欧盟—美国对话项目的一部分。在这些监管体制中，包括偿付能力Ⅱ在内，改变一直在推进，但拖沓现象相当严重。[25]

在总结该行业面临的挑战时，西班牙对外银行研究所清晰地概括了可能的情形：

在 I&P 行业，不同国家之间的初始情况差距很大，无论是在偿付能力水平上，还是在多样化/风险投资组合方面，皆是如此。从国家角度来说，这会导致不同的结果。尽管如此，共同的挑战依然存在，即如何协调更具风险敏感性的监管和寻找持续低利率之间的关系。这些新的监管措施让我们可以预测到这样一个场景：更高的费用、对公司负债的低期望值、更高的衍生品套期保值成本、证券化活动的减少、I&P 行业参与基础设施建设资金的增多、从保险行业分化出的更多的房地产融资活动。

至于主权债务，目前的监管现状对 I&P 行业提出更高的证券需求。但关于是否要维持《巴塞尔协议Ⅲ》以及偿付能力Ⅱ中零风险权重规定的争论，在将来或许会有一些改变。现在清楚的是，在不久的将来，银行、养老金和保险部门的监管者们会分析不同监管系统之间的相互关系。从长远的角度避免错误的刺激措施，权衡相互关联的各项风险。[26]

这意味着，一些关键的长期资金来源（债券和股票）可能不会再冒着降低自身信用评级的风险去支持重要经济部门和相关项目。

注　释

[1]霍华德·戴维斯（Howard Davies）、大卫·格林（David Green）：《全球金融监管》，英国剑桥：政治出版社，2011年版，第35页。

[2]在国际清算银行的网站上，《巴塞尔协议Ⅲ》是一个特别的专栏。www.bis.org/bcbs/basel3.htm.

[3]纽约联邦储备银行负责监管。作为我们核心任务的一部分，需对第二区的金融机构进行监督和管理。我们的首要目标是维持一个安全、有竞争力的美国和全球银行体系。www.newyorkfed.org/.

[4]在欧盟委员会的网站上，已经开始关注金融监管项目。http://ec.europa.eu/internal_market/finances/index_en.htm.

[5]联邦储备银行，《巴塞尔协议Ⅱ》拟制定规则的序言——风险加权资产的计算，2006年9月5日。http://federalreserve.gov/GeneralInfo/Basel2/NPR_20060905/NPR/section_5.htm.

[6]巴塞尔协议Ⅲ：为更有弹性的银行和银行系统提供全球监管框架。www.bis.org/publ/bcbs189.pdf.

[7]www.forbes.com/sites/greatspeculations/2014/03/19/u -s -banks -took -big-strides-towards-basel-iii-compliance-in-2013/.

[8]米歇尔·巴尼尔（Michel Barnier）：新闻发布会，2011年7月20日，布鲁塞尔。http://europra.eu/rapid/press-release_SPEECH-11-533_en.htm.

[9]这份报告给出了巴塞尔委员会关于《巴塞尔协议Ⅲ》（第2级）能力评估的结论。这份报告的评估主要基于2012年5月15日达成的第五届议会的妥协方案。考虑到折中方案的草案性质，并根据委员会公认议程，进行第2级评估，这只是初步评估。欧盟当局公布实施《巴塞尔协议Ⅲ》的最终规则后，就会进行后续评估。www.bis.org/bcbs/implementation/12_eu.pdf.

[10]www.lexology.com/library/detail.aspx?g=b55f69b7-2642-410d-ac6c-

40e8acf12a34.

　　［11］ www.bankofengland.co.uk/pra/pages/crdiv/default.aspx.

　　［12］ http：//europa.eu/rapid/press－release_MEMO－13－3_en.htm.

　　［13］ www.lexology.com/library/detail.aspx?g=c0aa8160－a5a4－48ed－b538－ee3650b938a9.

　　［14］ 毕马威指导欧盟银行业监管的单一规则手册。http：// www.kpmg.com/IE/en/IssuesAndInsights/ArticlesPublications/Documents/crd－iv－may－2013.pdf.

　　［15］ http：//connect.mcgraw－hill.com/sites/0077328787/student_view0/ebook/chapter3/chbody1/liquidity_rations.htm.

　　［16］ www.bis.org/publ/bcbs238.pdf.

　　［17］［18］ www.thestreet.com/story/12081632/1/fed－proposes－tougher－basel－iii－liquidity－rules.html.

　　［19］ www.bis.org/bcbs/basel3.htm.

　　［20］ www.moneynews.com/Economy/fedeal－reserve－bank－basel－plan－rules/2013/12/18/id/542498.

　　［21］ www.cityam.com/article/1385599169/bank－leverage－ratio－sensible－we－should－be－wary－balkanisation.

　　［22］ 欧洲委员会：《保险业的未来规则》。http：//eur－lex.europa.eu/LexUriServ/LexUriServ.do?uri=OJ：L：2009：335：0001：0155：FR：PDF.

　　［23］ www.blackrock.com/.

　　［24］ http：//online.wsj.com/news/articles/SB100014240527023032899045791973821058916342105891634.

　　［25］ www.towerswatson.com/en/Insights/IC－Types/Ad－hoc－Point－of－View/Insights/2013/Insights－Global－insurance－regulation.

　　［26］ www.bbvaresearch.com% 2FKETD% 2Fketd% 2FDescargas% 3Fpais% 3DGLOB% 26canal% 3DRSS% 26tipocontenido% 3DDOTR% 26idioma% 3DING% 26pdf% 3D% 2Ffbin% 2Fmult% 2FWP_1321_tcm348－394284.pdf% 26tematica%

3D％ 26tipopublicacion％ 3D&ei =CKO3UtSxPMmAkOf5q4CIBA&usg =AFQjC NFb 2SmOukMXarljhqcPGC1mtNLo9A&sig2 =19z7PgmnuwZu uT5GE9bUXg&bvm =bv. 58187178，d.eW0.

第六章
监管对实体经济可能造成的影响

关于很多现代金融产品和证券交易的意义，我们现有的金融体系仍然不能给出令人信服的答案。而这些问题受到越来越多的关注，需要重新给出答案。

——德意志银行前首席执行官兼国际金融协会主席约瑟夫·阿克曼
（Josef Acherman）

这些新规定和新比率会对实体经济产生怎样的影响呢？看起来华尔街当然不会对普通大众有什么好处。但是，华尔街的稳定对实体经济却大有裨益。毫无疑问，尽管会有一些不良结果，但实体经济最大的期望是当局能找到一种方法，可以保证"华尔街的贪婪和荣耀"，以防止由银行引发的更大危机。

在企业界，追踪和制裁利率操控（如伦敦银行同业拆借利率或外汇管制）至关重要。利率操控会直接影响企业的竞争力及其盈利能力。全球有太多的利润已被金融服务行业攫取。

根据 Mian 分析，标普 500 指数涵盖的美国金融服务公司预计在第二季度获得的总利润达 490 亿美元，几乎占到标普 500 指数所有公司全部季度利润 2470 亿美元的 1/5。[1]

有几项研究 [2] 试图量化金融机构在新的监管环境下运营而引发的主要融资短缺的风险。

运用"垂直竖井"式的金融监管，监管部门无法兼顾施加在实体经济财务上的债务风险。金融行业能够促进发展，并为发展提供所需的金融资源。

从理论上讲，以下这些主要影响将会左右社会和经济发展：

一是融资成本增加。资本充足率和流动性比率的增加会增加银行的融资成本。放款人不得不考虑增加权益成本，这样就不可避免地要求银行方面增加利差。

假设放款人可以承受相应增加的成本，但我们却无法保证借贷人可以接受相同的融资条款。这本身不能作为反对的意见：2007 年金融危机爆发之前，太多的资金缺乏盈利的机会，这也导致融资的利差低于合理的条件。

如果银行资本超过弥补信贷损失和其他正常风险所需的实际全额，将会增加金融中介的成本并导致以下两个不利后果：

（1）放缓投资活动和经济增长。

（2）出现大量存在于监管体系之外且伴有更多不透明风险的新的影子银行。[3]

二是债券期限缩短。为了确保流动比率的效果，金融中介的传统角色不得不重新定义。作为金融中介的关键职能之一，债券期限的变更不受风险管理决策的限制，而是取决于长期债券过高的成本，对于中小银行，甚至高不可攀。

很显然，作为长期融资的关键，债券融资是大型和全球性机构常用的手段。由于供需可能发生改变，上述机构不得不提供一个较高的利率，但除了流动性紧缩或者信贷紧缩之外，市场都是可以做到的。

对于中小银行，情况并非如此。这种情况与另一个目标背道相驰：即大而不倒。自 2002 年萨班斯—奥克斯利法案（Sarbanes-Oxley Act of 2002）颁布后，新的监管框架尤其关注系统重要性金融机构，而中小机构则不堪承受法案中诸多的规定和限制。

较小规模的银行或保险公司是否有机会继续获得长期融资，为客户提供长期信贷，对于金融业的活力至关重要。

接下来我们将在书中讨论这个问题的另一个方面，即如何解决银行发债问题。如果监管部门有权决定高级无担保银行债务可以成为本金减免的主体，那么银行债券的需求将面临缩减的风险，目前看来似乎确实如此。

三是流动资金枯竭。流动比率可能有第二个意想不到的后果：流动资金的完全枯竭。对银行同业拆借市场来说，这一点尤其关键。在最近的经济危机中我们注意到，短期无抵押贷款在第一个警报发出后就可能无法兑付了。

回购协议（回购融资）的处理也将影响银行能否安全地彼此借贷。如果不能成功履行回购协议，中央银行作为流动资金供应商的作用将仍然至关重要，甚至比目前所承担的数额还要更大。

金融市场不能完全依赖中央银行提供流动资金。虽然，发挥最后贷款人的作用仍然是中央银行的关键使命，但这不该成为常态。正如保罗·德格洛瓦（Paul De Grauwe）所说：

2008 年 10 月，欧洲央行发现除了稳定物价外，中央银行的作用还有很多。这一发现源于欧洲央行被迫大规模增加流动资金以拯救银行体系。欧洲央行毅然决然充当了银行体系的最后贷款人，尽管承受着道德风险、通货膨胀以及由此带来财政负担的质疑。[4]

近年来，美联储及其主要代表在处理这一问题时，采用了同样的方式。

自 2007 年底金融危机爆发以来截至 12 月 29 日，为了恢复金融市场的稳定，美联储[5] 发放给私营部门大约 1.2 万亿美元信贷。这些救市措施最终以美联储自 1914 年成立以来从未有过的方式改变了其资产负债表的规模和组成。美联储体系历史研究学家艾伦·梅尔泽（Alan Meltzer）表示，"这种信贷的扩张"是空前的，这在美联储的历史上从未有过。回顾 1921 年美国经济危机，当时农场纷纷倒闭，而国会置身事外坐等美联储对它们施以援手，美联储却推辞拒绝，辩称："这不是我们的业务。"肯尼斯·库特纳（Kenneth Kuttner）在一篇关于 2008 年美联储干预措施的文章中写道，"美联储从来没有认为自己是一个万能机构"。[6]

四是减少股权融资的有效性。银行和保险公司一直是股权融资的来源之一。在商业活动中，银行和保险公司不仅是股权重量级的持有方，它们还操控首次公开募股（IPO），使得企业获得股权融资。

股权持有的处理可能会降低这一能力，因为股票是风险资本，需要大量的股权分配。为了维护自身的利益而非客户的利益，银行宁愿保持这种能力来资助其股权投资。

沃尔克规则（Volcker Rule）主张的银行交易股票和提供流动资金的能力正是股票市场所需要的。然而，根据《巴塞尔协议Ⅲ》，持有股权的资金成本则大规模增加。程序化交易及机构交易两位重要的玩家主宰了股市的交易量。为了维护股票市场的秩序，银行支持股票交易的能力是至关重要的。第一个是在短期内，甚至是在高速运转的市场进行，而第二个则是基于投资决策开展行为。两者都需要一个流动性的市场。

值得注意的是，即使在雷曼危机最糟糕的日子里，股票交易所仍旧设法保持市场开放和活跃以避免由此引起的可怕恐慌。

五是发展影子银行服务。受资本充足率的挤压，银行不可避免地被限制对经济的借贷活动，特别是长期融资的借贷活动。此外，保险公司也会受到其长期承诺的限制。这些影响叠加起来不仅会降低银行和保险公司的资产负债表，而且它们当前大多数的金融活动将不可避免地转向其他来源。

受此影响最深的将会是影子银行、对冲基金，甚至消费金融公司。由于金融危机，全球各地的有关部门决定对这些活动加以监管。对冲基金现在受美国证券交易委员会和欧洲委员会的监管。消费金融公司将由银行业监管机构监管，以确保它们有足够的资金。

然而，资本市场很可能是融资的主要来源。对于各国政府、银行和企业也是如此。但在最乐观的情况下，资产证券化将不得不成为流动资金和信贷的重要来源。尽管不是重要的融资渠道，“P2P”融资在美国发展迅速。[7]

资本市场将成为贷款证券化与金融资产的重要来源，[8] 但是适用于证券化的新规定将更加严格。正是由于规则和条例包括评级机构的缺失，才使得美国次贷危机得以爆发。

国际证监会组织在金融稳定委员会的要求下，于 2012 年提交了一份关于这一主题的报告：

金融稳定委员会向国际证监会组织的请求表明，资产证券化是一种重要的融资手段和分散风险的有效方式。要求中提到很多在全球经济危机中显露出来的与资产证券化相关的问题，包括过度依赖评级、投资者盲目投资以及风险定价不足等。[9]

对于一直备受煎熬的大型投资银行而言，2014 年巴塞尔委员会发布的新规定可以使它们长舒一口气，在此之前它们一直为被迫筹集数十亿美元的额外资本而烦恼。这些调整缓解了对金融产品的要求，如衍生品和回购协议规定等，而它们在资产负债表的构成中占据了很大的部分。[10]

注　释

［1］www.usatoday.com/story/tech/columnist/shinal/2013/07/14/finance-and-tech-industry-outlook/2509349/.

［2］在全球范围评估这种影响几乎是不可能的。以下是一些已发表的关于部分影响的研究。世界上最大的咨询公司麦肯锡发表了一系列关于监管影响的研究。此篇是关于美国银行体系影响的研究。www.mckinsey.com%2F~%2Fmedia%2Fmckinsey%2Fdotcom%2Fclient_service%2FRisk%2FWorking%2520papers%2F25_Assessing_Addreesing_Implication.ashx&ei=SlxtUvrfL4iskAev_YFg&usg=AFQjCNFnwU1j8f-C1bo1KrQJGsXwv4C_jg&sig2=Kkk_BTC25gnPx1gb_fVoOQ&bvm=bv.55123115，d.eW0.

［3］www.mhfigi.com/wp-content/uploads/2013/09/Five-Years-Later-Paper-by-Jeff-Shafer1.pdf.

［4］保罗·德格罗韦（Paul De Grauwe）：《欧洲央行作为最后贷款人》，2011 年 8 月 18 日。www.voxeu.org/article/european-central-bank-lender-last-resort.

［5］马克·克拉克森（Mark A.Clarkson）、戴维·C.惠洛克（David C.

Wheelock)：《最后的贷款人：美联储前 100 年的教训》，《经济研究》，圣路易斯联邦储备银行，2012 年的工作论文。http：//research.stlouisfed.org/wp/2012/2012-056.pdf.

　　［6］凯尼斯·库特恩（Kenneth Kuttner）：《2008 年的恐慌——美联储是最后贷款人》。www.google.com/url？sa=t&rct=j&q=&esrc=s&source=web&cd=3&ved=0CEMQFjAC&url=http%3A%2F%2Fww.capmktsreg.org%2Fpdfs%2FThe_Federal_Reserve_as_Lender_of_Last_Resort_during_the_Panic_of_2008.pdf&ei=4ZhtUpOvKIejkQewxoCoAg&usg=AFQjCNGpNjeFD SKM7su0sXCw4PftFdXIEA&sig2=HMvFKEMUAG0lSOKjCrZ51A&bvm=bv.55123115，d.eW0.

　　［7］比特·艾维斯（Peter Eavis）：《走向同行的一步——贷款证券》，《纽约时报》《交易书》，2013 年 10 月 1 日。http：//dealbook.nytimes.com/2013/10/01/a-step-toward-peer-to-peer-lending-securitization/？_r=0.

　　［8］朱利安·科母（Julian Kolm）：《证券化、影子银行和银行监管》。www.econ.nyu.edu/user/galed/fewpapers/FEW%20S13/Kolm.pdf.

　　［9］证券委员会国际组织理事会：《证券化监管的全球发展》，2012 年 6 月。www.iosco.org/library/pubdocs/pdf/IOSCOPD382.pdf.

　　［10］ www.ft.com/intl/cms/s/0/d920db5e-7bb6-11e3-84af-00144feabdc0.html#axzz2whhYuXdw.

第七章

规范衍生品市场

当前谈判的结果是允许市场在完全不透明的情况下继续交易，并且考虑到衍生产品的规模，这已经严重破坏了二十国集团通过的全球金融监管改革方案。

——欧盟委员米歇尔·巴尼耶（Michel Barnier）

在努力建设更安全、更透明的金融市场的同时，大西洋两岸的决策者们精心制定的大量扩张性条款，不仅侵害了彼此的利益，还引发了一场混乱。

其结果是：很难遵守新的法规，市场和流动性变得支离破碎，无形中增加了系统性风险。不满情绪持续上升，年末时，贸易团体开始对美国监管机构提起诉讼。

作为标准制定机构，国际证监会组织的成员监管着世界95%的证券市场，其秘书长大卫·莱特（David Wright）表示："我们已经消除了重叠的规则。如果我们没有处理这些困难的机制，情况只会越来越复杂。"[1]

衍生品市场是在国家层面最难监管的市场之一。因为衍生产品交易在世界范围内进行，超越了国界限制。来自哥伦比亚大学法学院的两位杰出的律师兼教授爱德华·格林（Edward Greene）和伊雷娜·波提亚（Ilena Potiha）对规范衍生品市场的问题做出如下总结：

跨境衍生品市场千变万化难以预测，有效监管至关重要，并且它是全球金融交易正常运行的中心环节。基于以上原因，必须建立可行的框架，为跨境交易创造安全的市场以及有效的监管协调。[2]

与其他金融工具相比，衍生品属于二级资产，通过购买利率、外汇、股票和债券等标的资产组合获取盈利。衍生品形式多种多样，发行不受地域限制。

此外，衍生品可以在全球任何地方为任何标的证券或资产类别所发行出售。衍生品市场80%的交易活动都与固定收益产品，即债券和利率相关联[3]。意识到这一点非常重要，伦敦商学院副教授瓦尼亚·斯托亚科娃（Vania Stravakeva）解释说：

与定期贷款、购买债券和股票相比，衍生品属于相对复杂的契约，会计标准也非常不同。为了估计由衍生品引发的系统性风险对银行造成的风险程度，监管机构同时需要银行特定的交易记录数据和相当复杂的风险值模型。虽然一些国家已经通过某种形式严格执行了对衍生品的监管，但这些措施是不透明的并且未必是最佳的。2012年发生的信用违约掉期交易，致使摩通大根损失20亿美元，以及美国政府对美国国际集团的救助，都可以充分说明大规模信息披露的重要意义，因此监管机构应该竭尽全力去制定最优的衍生品监管准则。[4]

历史证明，衍生品可以影响各类资产，其名义价值在峰值期一度高达1200万亿美元。2008年金融危机爆发之前，衍生品市场都非常不规范，大部分交易发生在场外交易市场，而非受监管的交易所。[5]

沃伦·巴菲特（Warren Buffett）视衍生品为"大规模杀伤性金融工具"[6]，当他从事衍生品投资之后，衍生品便成为严格审查的对象。从雷曼兄弟破产到希腊债务危机，信用违约掉期已经成为每一次危机的焦点。[7]

衍生品市场的起源

衍生品随金融业的产生而产生，也被称为远期外汇、利率掉期等。在全球范围规避企业或投资组合的风险，对于衍生品本身以及全球资本市场的发展至关重要。基于以上原因，公司和金融投资者仍然在做衍生品交易。

伦敦皇家交易所允许远期合约交易，似乎也是第一个衍生品交易所。查尔斯·麦基（Charles Mackay）于 1841 出版发行并且直至今日仍在销售的《非同寻常的大众幻想与全民疯狂》一书中记录了著名的荷兰郁金香狂热潮，里面提到了大约发生在 1637 年的郁金香球茎的远期合约交易。而第一项期货合约则出现在 1650 年日本大阪的粮食市场，这些显然是标准化合同，非常类似于今天的期货，虽然还不知道这些合同是否标记为每日市场和/或有无信用保障。[8]

随着金融市场的不断发展，衍生品也获得了爆发式增长，很快成为一种实质性的资产类别以及备受欢迎的套期工具。衍生品市场的爆发式发展受到严密审查，监管部门指责衍生品市场造成金融市场的波动，为发行人带来痛苦和麻烦。的确，当投机工具几乎不受限制时，它们会朝着与世界经济完全脱轨的方向发展。

衍生品是一种真正的金融创新，它满足了首席财务官和投资经理的需求。然而，衍生品市场的发展不受任何严格法律框架的约束，也完全缺乏任何形式的金融监管。从这个意义上说，监管部门对于市场振幅以及与衍生品相关的风险的"发现"完全是虚假的。

各国的中央银行多次表示要建立这一框架，但却从未明示要怎样做。直到美国长期资本管理公司崩溃之后，业界才开始逐步建立自己的标准。

衍生品市场的规模

衍生品市场的规模也常常是探讨的焦点。弄清楚衍生品市场的净市值、名义市值和总市值之间的区别很重要（见图 7-1）。

名义市值是符合衍生品合约的所有标的证券的累计值。例如，如果我以每股 30 美元的价格买进某一只股票 5000 股，那么该合约的名义市值就是 15 万美元。但是，这项合约的每股成本可能只有 1 美元，那么衍生品的总市值就是 5000 美元。衍生品价值的波动跟其他证券价值波动很相似。

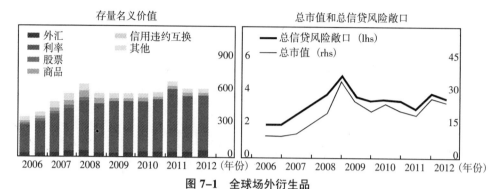

图 7-1　全球场外衍生品

注：通过数据类型和市场风险分类，以万亿美元计算。
资料来源：国家数据库、国际清算银行数据库。

美国新的金融监管法规：多德—弗兰克法案（Dodd-Frank Act）

衍生品市场的监管架构仍然十分混乱。尽管其中有些方面属于证券监管范围，但有些衍生品要么在不同的交易所或者市场交易，要么受特定的监管机构，如美国商品期货交易委员会的管理。美国国会于 1974 年成立了商品期货交易委员会，作为一个独立的机构，其任务是规范美国的商品期货和期权市场。自成立之日起，美国商品期货交易委员会的职责扩大了数倍，最近一次职能的扩大体现在"多德—弗兰克法案"。[9]

商品期货交易委员会或证券交易委员会应在多德—弗兰克法案[10] 监管权限范围内审查互换合约（尽管像美国联邦储备委员会这样谨慎的监管者，也在为银行这样的交换实体设定资本金和保证金上发挥着重要的作用）。证券交易委员会对"以证券为基础的互换合约"拥有监管权。此类互换合约可以以单个证券或贷款或狭义证券指数（包括任何利息或其价值）抑或以与单个发行者或狭义证券指数下的证券发行人相关的事件为基础。多德—弗兰克法案还对 1934 年证券交易法和 1933 年证券法进行了修订：将以证券为基础的互换合约纳入证券定义范围。

盖瑞·詹斯勒（美国商品期货交易委员会主席）提出的核心目标之一

表明了美国试图通过控制世界上最神秘最有利可图的金融产品的原因，这与他四年前提出的愿景不符。尽管他让监管者有权触及 633 万亿美元的衍生品市场，但华尔街认为其在衍生品交易市场仍处于主导地位。

根据彭博社提供的数据，最终，在 2010 年多德—弗兰克金融监管法案的授权下，由美国商品期货交易委员会制定的规则的法律效力只适用于全球市场的一小部分（不到 20%）。[11]

欧洲市场基础设施监管规则

2012 年，欧盟发布了《欧洲市场基础设施监管规则》[12]，为通过特殊清算机制进行衍生品清算提供了具体规则。

直到今天，欧盟委员会颁布该指令的具体目标仍不明朗。欧洲市场基础设施监管规则便是这种混乱状况的缩影。欧盟已经决定将重心放在衍生品的整个环节，因此它将会面对很多的监管机构和竞争对手。

《欧洲市场基础设施监管规则》的主要任务包括：

（1）对某些场外衍生品进行中央清算；

（2）针对非中央结算的场外交易衍生品应用风险缓解技术；

（3）向交易数据库报告；

（4）有组织地开展业务，向中央对手方（CCPs）提出审慎性要求；

（5）交易数据库要求（包括对相关机构和公众履行数据知情权）的应用。[13]

欧洲证券与市场管理局获权颁布《欧洲市场基础设施监管规则》的相关规定。为履行《欧洲市场基础设施监管规则》的相关要求，从 2014 年 2 月 12 日起，欧盟相关机构必须提交其场外交易报告。提交衍生品合约可以帮助监管部门鉴别和分析与衍生品市场相关的潜在风险。

然而，这种情况仍令人十分困惑。《欧洲市场基础设施监管规则》没有对衍生品下定义，只是参照了衍生品在某一环境下的指令，如《欧盟委员会第 2006/73/EC 号指令》（MIFID2）。显然，这些定义的不确定性会使指令的执行变得困难，并且很可能使整个欧盟失衡。关于这个问题，伦敦金融城律师协会专门发表了备忘录。

我们接受《欧洲市场基础设施监管规则》对"衍生品"所下的具有广泛的代表性的定义，如此可以俘获大部分在金融机构和非金融机构之间的为了达到投机和套期保值目的的交易所衍生品交易和场外衍生品交易。但是考虑到存在一个明显的市场，即员工和股东成立的合伙投资公司或者出于不同原因将集团内部交易视作正常交易的其他非金融企业，我们认为有必要对在场外进行衍生品交易的公司实体和金融交易对手之间划清监管界限。[14]

欧美分歧

2013 年 7 月，美国与欧盟监管机构就衍生品监管达成一致。然而仅仅过了三个月，美国就无视 7 月签署的协议，单方面毁约。

"前进道路上的文件一开始就受挫，"英国期货与期权协会主席安东尼·贝坎伯斯（Anthony Belchambers）表示，"巴尼耶（Barnier）争取更多的时间是正确的"，"事实上，美国领先于欧洲。这意味着，要么欧盟奋起直追，要么美国放缓脚步，但考虑到欧盟成员国的复杂性和主权权力，欧盟后来追上几乎不可能。除非有一个合理化的处置办法，否则还会滋生治外法权的问题。我只能希望国际证监会组织能够关注这个问题，这些国际争端必须要合理解决。"[15]

美国治外法权的行为越来越受到欧洲的反感，也加深了欧美之间的矛盾。就衍生品而言，复杂性和差异性大得惊人。[16]

卖空是衍生品的一种形式

卖空与其他衍生品并无本质上的区别：它只是不需要一个载体，但作为期货或者期权，与其他衍生品有着相似的效果。它们是导致一些金融机构崩溃的"凶手"，为此新的监管条例出炉，包括禁止做空金融机构股票。

英国对近日欧盟法院做出的决定[17]紧盯不放，质疑欧盟委员会是否有权禁止卖空。

欧盟委员会于2013年9月下发了关于卖空的新规定[18]，这是合并卖空和信用违约互换做法的一部分。

为了结束当前一些成员国采取分散措施的局面，并且限制主管部门采取分散措施，有必要通过协调一致的方式处理卖空和信用违约互换可能带来的潜在危险。应该要求处理已确定的风险，而不是过度削弱卖空给市场质量和效率带来的利益。但是，在特定情形下，这些措施会带来负面影响，因为在正常的金融市场条件下，特别是当市场流动性和有效价格形成时，卖空在保障金融市场的正常运作方面发挥了重要的作用。[19]

美国诉诸第105号规则，严惩那些不遵守卖空交易基本规则的机构。

纽约一家律师事务所——理查兹·基贝与奥尔贝有限责任公司（Richards Kibbe & OrbeLLP）指出，联邦反操纵条例在以下任意一种情况下对投资者做空上市公司股票的行为都予以禁止：从市场证券定价之前五个交易日开始直至定价结束，或者从提交申请上市登记表开始直至定价结束。[20]

大西洋两岸的银行密集游说使真正提高衍生品市场透明度的希望变得微乎其微。该法规的范围、力度和深度不可能创造一个公平的竞争环境。"意外"会继续发生，金融服务行业的稳定性也只是略微加强。

摩根大通"伦敦鲸"交易损失

2012年，美国参议院对摩根大通"伦敦鲸"交易损失案做出重要结论。莱文—麦凯恩（Levin-McCain）联合报告提出的下列建议，可以遏制衍生产品风险和滥用：

（1）要求相关机构提交衍生品交易数据。

（2）要求相关机构提交同期对冲资料。

（3）加强信用衍生品的定价。

（4）调查衍生品风险限额违规行为。

（5）探讨能极大降低衍生品市场风险的模型。

（6）联邦金融监管机构应立即发布关于贯彻执行《多德—弗兰克华尔街改革和消费者保护法案》（又称《沃尔克规则》）的莫克雷—凯文（Merkley-Levin）修正案的最终决议，以达到停止高风险的自营交易活动和联邦政府担保的银行及其附属机构的高风险资产累积的目的。

（7）提高衍生品的资金成本。[21]

摩根大通首席投资办公室通过的决策导致了严重的后果。

美国参议院的这份报告包含一些电子邮件，反映出摩根大通首席投资办公室对最优方案基本原则的不尊重。如此"扩展"了《沃尔克规则》允许的套期保值策略漏洞的范围，使得摩根大通陷入了现在的危机（由于套期保值业务投资策略失败，摩根大通公司在近六周时间内亏损 20 亿美元）。

这份报告的内容令人沮丧。摩根大通：

（1）未履行通知监管机构风险增加的义务。

2012 年第一季度，在未预先告知其监管机构的前提下，摩根大通首席投资办公室违规使用包括由联邦担保在内的银行存款创建了一个 1570 亿美元的合成信贷投资组合……

（2）将高风险交易定性为套期保值。

摩根大通偶然一次发表声明宣称，旗下的合成信贷投资组合本是对银行信贷风险进行套期保值，却无法确定套期保值的资产或投资组合。

（3）隐瞒大规模损失。

摩根大通公司默许其首席投资办公室夸大旗下信贷衍生品的价值，刻意隐瞒在合成信贷投资组合项目上超过 6.6 亿美元的损失。

（4）无视风险。

2012 年第一季度，其首席投资办公室违反了所有五个在合成信贷资产组合上的主要风险限额，摩根大通竟然无视警告信号，将合成信贷资产组合的风险一笔带过……

（5）躲过美国货币监理署的监管。

摩根大通通过不预先提醒美国货币监理署该合成信贷投资组合规模和性质的方式，躲过了美国货币监理署对该投资项目的监管……

（6）不负责任的监管。

美国货币监理署未能调查摩根大通首席投资办公室的交易活动，引发了多重持续的风险限额违规行为……

（7）错误定义投资组合。

摩根大通"伦敦鲸"巨额亏损事件曝光后，摩根大通无视风险，甚至还误导投资者、监管者、决策者和公众对其合成信贷投资组合的认识……[22]

雷曼兄弟破产仅仅四年时间便发生了这件事。

以下是摩根大通特别工作组对造成首席投资办公室交易损失的原因做出的最终定论：

特别工作组否认首席投资办公室交易损失是由任何一个特定的行为或者疏忽导致的。相反，正如报告里所描述的那样，特别工作组认为巨额交易损失是由一连串或大或小的，个人或者结构性的行为或失误引起的，通过及时的干预或者调整本可以避免。正如我们希望的，可以从报告中清楚地看到，集团内部对此次事件做出了实质而良性的反省，认识需要在多个领域不断推进。最后，特别工作组认为这次事件对于集团来说是宝贵的教训，端正了集团的态度。[23]

注　释

[1] 阿尼什·朴（Anish Puaar）：《美国和欧洲关于衍生品的争论》，金融新闻，2013 年 12 月 12 日。www.efinancialnews.com/story/2013-12-17/us-and-europe-lock-horns-on-derivatives-regulation?ea9c8a2de0ee111045601ab04d673622.

[2] 爱德华·E.格林（Edward E.Greene）、丽娜·博西华（Ilena Potiha）：《关于多德—弗兰克的衍生品和清算规则的治外法权适用问题，全球市场

的影响，以及跨境和美国国内贸易联合的必然性》，《资本市场法律研究》，2013 年。

［3］德意志证券交易所：《全球衍生品蓝图》，第 8 页。http：//deutscheboerse.com/dbg/dispatch/en/binary/gdb_content_pool/imported_files/pub‐lic_files/10_downloads/11_about_us/Public_Affairs/The_Global_Derivatives_Mar‐ket_0909.pdf.

［4］www.forbes.com/sites/lbsbusinessstrategyreview/2013/09/24/derivative‐regulation‐why‐dose‐it‐matter/.

［5］芝加哥商品交易所和欧洲商品交易所是两家最大的衍生品交易所。

［6］迅速增长的衍生品交易对经济造成了“巨大的灾难性风险”，而大多数股票仍然“过于昂贵”，传奇投资家沃伦·巴菲特（Warren Buffett）警告说。http：//news.bbc.co.uk/2/hi/2817995.stm.

［7］国际货币基金组织：《关于主权信用违约交换角色的新视》，《国际金融稳定报告》，2013 年 4 月。www.imf.org/external/pubs/ft/gfsr/2013/01/pdf/c2.pdf.

［8］唐·钱斯（DonChance）是路易斯安那州立大学的金融学教授。参见“衍生品简史”，2011 年 12 月 20 日。http：//husky1.stmarys.ca/~gye/derivativeshistory.pdf.

［9］www.cftc.gov/index.htm.

［10］这是美国证券交易委员会对多德—弗兰克法案主要方面的总结。www.sec.gov/spotlight/dodd frank/derivatives.shtml.

［11］www.bloomberg.com/news/2013‐09‐04/how‐the‐bank‐lobby‐loos‐ened‐u‐s‐reins‐on‐derivatives.html.

［12］欧洲议会在 2012 年 7 月 4 日通过的第 648/2012 议案，关于技术合作衍生品、主要对手方（CCPs）和贸易存储库（TRs）（简称 EMIR）的规定于 2012 年 8 月 16 日生效。欧盟委员会授权规章 2013 年第 148 号和 2012 年 12 月 19 日第 153 号议案是对 EMIR 的补充，2013 年 2 月 23 日发表在官方刊物上，并于 2013 年 3 月 15 日生效。执行技术标准可以追溯到

12 月 21 日的工作日志。www.esma.europa.eu/page/European‐Market‐Infras‐tructure‐Regulation‐EMIR.

［13］www.esma.europa.eu/page/European‐Market‐Infrastructure‐Regulation‐EMIR.

［14］www.bankingtech.com/174272/us‐europe‐derivatives‐rulemaking‐deal‐falls‐at‐first‐hurdle/.

［15］www.citysolicitors.org.uk.

［16］霍根・霍伟尔（HoganHovell）是一家律师事务所，于 2013 年 10 月发表了一份关于美国和欧洲衍生品监管之间差异的概要，这表明了两者之间存在的巨大差异。http：//f.datasrvr.com/fr1/713/74638/Oct_2013_Derivatives_Summary_of_key_EU_and_US_regulatory_developments.pdf.

［17］这个决定更多的是指出支持这个决定的法律论据是不正确的。欧盟委员会是否能够找到更好的法律基础，以保持其禁止某些形式的卖空行为的能力还有待观察。www.ft.com/intl/cms/s/0/93ed1ea2‐11e3‐b678‐00144feab7de.html#axzz2jUskzAqO.

［18］最近，欧盟委员会发布指导原则。http：//ec.europa.eu/internal_market/securities/docs/short_selling/20120705‐ia‐resume_en.pdf.

［19］http：//eur‐lex.europa.eu/LexUriServ/.do?uri=OJ：L：2012：086：0001：0024：en：PDF.

［20］http：//blogs.wsj.com/moneybeat/2013/09/18/sec‐short‐selling‐crack‐down‐what‐is‐rule‐105/.

［21］［22］www.hsgac.senate.gov%2Fdownload%2Freport‐jpmorgan‐chase‐whale‐trade‐a‐case‐history‐of‐derivatives‐risks‐and‐abuses‐march‐15‐2013.

［23］www.google.com/url?sa=t&rct=j&q=&esrc=s&source=web&cd=2&ved=0CDAQFjAB&url=http%3A%2F%2Ffiles.shareholder.com%2Fdownloads%2FONE%2F2272984969x0x628656%2F4cb574a0‐0bf‐4728‐9582‐625e4519b5ab%2FTask_Force_Report.pdf&ei=Cy0vU9TpHMeZ0AHp_4CYCA&usg=AFQjCNFE12ntfUa3VzfoIMDnDxp6xkQ9_Q&bvm=bv.63556303，d.dmQ.

第八章

银行业的结构：可以分成几个等级

"我所说的是监管规模达数万亿美元的资产管理行业，方兴未艾。这场战役有望比早前大型银行针对沃尔克法则中禁止投机交易那次更激烈。"

——美国联邦存款保险公司前主席席拉·贝尔（Sheila Bair）

"**大**而不倒"[1]已经成为银行监管的一个关键因素。规模真的是问题吗？规模又该如何定义呢？美国议会就解决该问题方面两党达成统一，但争论仍逐渐升温。为防止越权，美国尽可能地将银行从投资交易中分离出来。2014年4月，欧盟倡导将效仿美国的做法。

这些结构改革受到不同方面的监管：在统一的银行模型中，能避免两个截然不同的业务吗？美国是否需要重新实施格拉斯—斯蒂格尔法案？

系统重要性金融机构

对于央行和财政部而言，理解系统重要性金融机构[2]和征收附加资本要求是更好地监督系统性风险重要的一步。

金融稳定委员会（FSB）公布了28家系统重要性金融机构，[3]如表8-1所示。

表 8-1　2012 年 11 月，根据所需的额外吸收损失水平，对全球系统重要性银行进行评级

级别	按字母顺序排列每个级别的系统重要性金融机构
5 (3.5%)	（空白）
4 (2.5%)	花旗银行 德意志银行 汇丰银行 摩根大通
3 (2.0)	巴克莱银行 法国巴黎银行
2 (1.5%)	美国银行 纽约梅隆银行 瑞士信贷银行 高盛银行 三菱日联金融集团 摩根士丹利 苏格兰皇家银行 瑞士联合银行集团
1 (1.0%)	中国银行 西班牙毕尔巴斯鄂比斯开银行 法国 BPCE 银行 法国农业信贷集团 荷兰国际集团 日本瑞穗金融集团 诺迪亚银行 桑坦德银行 法国兴业银行 渣打银行 道富银行 三井住友银行 裕信银行 富国银行

　　然而，这一概念极具矛盾性。一方面，将这些银行命名为系统重要性银行，表明列表以外的金融机构并不具有系统重要性，损失一旦产生，官方会允许它们破产，且不会从 28 家系统重要性金融机构通用的应急系统中受益。金融稳定协会（FSB）的确发布了关于系统重要性金融机构的应急方案的报告。[4]

　　另一方面，积极意义是这 28 家系统重要性金融机构都受到政府的隐性保护，这是基于国家政府的措施而实现的。按照要求，金融机构需要向政府支付一定资金作为附加权益。但这也带来了一系列的好处：评级时会参考相关情况。它们不应该因受到最富有国家的这种隐性担保而被评为AAA级或Aaa级。可以确定的是，银行不被允许破产，政府可以对其实施援救，也是一项竞争优势。[5]

我们有必要了解，如果出现危机，那些机构会怎样，会为机构准备特殊的应急系统吗？而且该系统能否独立于国家系统，适用于每一个机构呢？不应该强迫它们选择唯一的解决方案吗？[6]

全能银行模式

欧盟对是否打破全能银行模式犹豫不决，其主张分离的提案（利卡宁报告）[7] 引发了一系列原则性问题。此外，欧盟和英国对此问题的态度也截然不同。

然而，我们要将美国银行系统的发展考虑在内；在银行危机后，三大独立的投资银行被商业银行收购。在某种意义上，除了高盛集团和摩根士丹利，美国的银行市场被三大主要的综合银行所主导，即花旗银行、美国银行（收购了美林银行）和摩根大通（收购了贝尔斯登公司）。在雷曼兄弟破产后，巴克莱银行对其进行了收购。从此，这三家大型公司都变成了更大型的综合性、全球性银行。

我不相信分离规则会起到实质性作用，即将存款风险和贷款风险以及资本市场运作的风险分开。

分离模式

一些国家对分离活动作出了有趣的解释。

最近，汇丰银行向投资者宣布要将英国业务上市，此举将实现其主要银行业务的价值，并化解监管压力。

英　国

维克斯委员会提议彻底改变英国银行的结构。主要的改变在于"围栏策略"将"公共"银行业务从一系列投资银行和企业金融活动中分离出来。该委员会还提议，比起巴塞尔规则的规定，银行应保持更高的资本和吸收损失储备金。英国政府已接受了该委员会的主要提议。[8]

维克斯委员会最具争议的建议是将英国银行的小额业务进行"围栏经营"。银行按要求在其企业组织结构中建立独立的法人实体，专门提供小额和商业银行业务。建立子公司的目的是：首先，将小额业务从风险性更高的金融业务和全球金融系统潜在的风险中分离出来；其次，一旦失败，"围栏银行"可以确保小额银行业务的持续供给，同时减少纳税人的救助成本。[9]

美　国

多德—弗兰克法案[10]为某些活动提供了一些分离形式，也对高风险投资活动进行了限制。沃尔克法则对有存款保险的机构及附属企业做了如下限制，禁止：

（1）参与自营交易。

（2）收购或保留对冲基金或私募股权基金的任何股权，或合伙基金或私人股本基金的其他所有权权益。

（3）赞助对冲基金或私募股权基金。

美国财政部的金融稳定委员会规定非银行金融公司接受联邦储备委员会的监督，但其不受禁令的限制。然而，该法令规定非银行金融公司可以接受某些活动额外的资本要求和额外的数量限制。

欧 盟

欧洲大陆在强大的国家体系中建立了自己的银行体系。很长一段时间里，银行大多从事的是商业银行业务。随着欧洲资本市场的发展，大多数大银行刚开始是在本国发展。但不久之后，它们开始涉足欧洲唯一的全球金融中心——伦敦金融城。[11]

金融危机后，欧盟委员会决定对银行系统进行更为详细的研究。先前，维克斯报告早已掀起了将银行和投资交易分离的讨论热潮。在欧盟委员米歇尔·巴尼耶 (Michel Barnier) 的倡导下，很多专家组成小组来研究这个问题。

利卡宁报告[12]针对银行和交易可能发生的各种分离方式都做了严谨的分析。该报告贯彻维克斯报告的精神，并主张真正意义上的分离，但其中一些方面仍令人质疑：

分离的主要目的是使银行集团，特别是其在社会中最重要的部分（主要指吸收存款以及为实体经济提供金融服务）更加安全，减少与高风险交易活动的联系，限制银行集团的交易环节中纳税人显性或隐性的收入。集团针对分离的建议涉及交易活动中最具风险的业务，而且也是可以迅速影响风险的业务。[13]

然而，该报告在遇到分离的困难后便不再下结论：银行集团是由控股公司领导，并由其监督银行业务及交易业务。那品牌将演变成什么呢？这些活动将如何筹集资金？如何应对自营交易呢？投资交易和银行集团的关系将变成什么样呢？

一些问题是通过清算指令来处理的，但有时利卡宁报告会和欧盟其他提议相悖。在我们写这本书时，还没有对欧洲银行结构满意的定义，而维克斯报告也越来越受关注。

2014 年 2 月，欧盟委员会受到利卡宁报告的启发，作了深入研究，并提出了新的分离结构。

新的规定也会将权力交给监管者，如果有潜在风险的交易活动会影响到金融稳定，他们有权要求银行将这些交易从收受存款业务中分离出来。[14]

瑞　士

瑞士议会的召开是为了推行格拉斯—斯蒂格尔法案（Glass-Steagall Act），从而让银行重新审视自己的结构。瑞士最大的两家银行——瑞银和瑞士信贷，最近宣布它们打算拆分其银行业务和财富管理业务，以保护其核心业务远离投资银行业务所带来的风险。

进行拆分的理由是，这是确保财富管理免遭投资银行潜在损失的唯一方法。而问题在于，"分家"将降低财富管理与投资银行之间的协同效应——例如，前者可能是后者的大客户。更重要的是，这种做法的一次性成本巨大。作为一个独立的实体，投资银行肯定需要额外的资金注入，以对其自身进行融资，但从哪里获得这笔资金尚不清楚。与此同时，瑞银拥有 3820 亿瑞士法郎的非核心资产，这似乎是公司转变的巨大障碍。[15]

沃克尔规则和自营交易 [16]

最后一条规则是确保银行不从事被禁止的活动或投资，并确保银行从事被批准的交易和投资活动，以确定、监测和限制这些活动和投资所构成的风险。例如，该规定要求任何从事第 13 条所规定的活动的银行都必须制定并执行一个合规计划，适应其活动和投资的规模、范围和风险。

该规则要求从事这些活动的大型金融机构制订和执行合规计划，并定期向各监管机构报告交易活动的数据。[17]

美国银行业出现危机的原因之一是银行利用股权进行交易，这也是股权存在价值的一个争议点。它本应该是为了减缓经济或市场可能出现的冲击，以及为银行的信贷风险提供缓冲，然而它却很快成为利润来源的中心，同时也是风险最大的一个。从某种意义上说，资本账户已成为收益最大化的对冲基金。

危机的预警信号未得到重视，当雷曼破产和次贷危机爆发时，资产价值遭受巨大损失，银行承受了两次打击：不仅是零售信贷违约——大多是抵押贷款和信用卡——它在其他时候都会被股权覆盖，如今却在自营交易方面面临着严重损失。股权提供的保险也已失去了其自身价值。

这一诊断是美国联邦储备委员会前主席保罗·沃尔克（Paul Volcker）在给美国前总统贝拉克·奥巴马（Barack Obama）的报告中所说的。报告建议将自营交易限制在投机性较低的资产。沃克尔规则适用于美国银行机构的一切自营交易和基金活动。然而，对于非美国本土的银行机构，沃尔克规则仅适用于在美国进行的自营交易与基金活动，或在美国以外与美国公民进行的证券交易。

尽管沃尔克规则自出台以来逐渐趋于温和，但这些限制仍对美国银行机构提供投资管理产品和服务有着深远的影响，限制了其在海外市场与非银行企业和非美国银行开展竞争的能力。无论何地，该规则将有效禁止任何美国银行机构的短期交易策略，如果这些策略涉及的交易工具未获得批准。[18]

沃尔克规则本应该可以结束影响银行业多年的投机性自营交易。但仍存在例外，银行允许摩根大通通过其伦敦办公室进行投机交易。[19]

在欧洲，银行业游说团体设法让这个问题从委员会议程中消失。当它最终被检查时，委员会没有任何实质性的举措。利卡宁报告上的建议则模棱两可：

该集团建议，在进行市场交易时发生的自营交易和所有资产或衍生品交易，除了下面的豁免活动外，必须分配给一个独立的法人实体，该法人实体是一个银行集团内的投资公司或银行（今后的"投资实体"）。

该集团认为，如果要分离的活动相当于银行业务的一大部分，或者从金融稳定的角度来看，这些活动的规模是庞大的，则该分离只会是强制性的。[20]

然而，沃尔克规则确实有着重要的国际影响力。忽略美国领土的法律法规和干预，该规则也适用于：

不分地域，沃克尔法则适用于任何一家在美国有分支机构、代理或银行子公司的银行机构，以及该机构在全球范围内的其他子公司和分支机构。一个实体是另一个实体的子公司还是其附属机构取决于它们之间的控制与被控制关系，但重要的是，只有股权占到 25% 甚至更多，才可以说拥有控制权。[21]

由于大部分系统重要性金融机构都符合该定义，因此当沃克尔规则适用时，将成为全球标准。

在美国七个政府部门通过最终版规则后，银行决定采取法律行动抵制沃克尔规则。它们可能并未意识到信任和信心取决于它们对这一事实的认可，即权益是神圣的，自营交易已威胁到它们的稳定性。

虽然目前的纠纷集中在模糊而复杂的投资产品上，协会的诉讼可能成为行业如何成功反击沃克尔规则的早期测试。这项规则的制定是为了阻止银行用储户资金进行投机交易，以及避免产生 2008 年金融危机后银行救助基金的问题。[22]

2014 年 2 月，欧盟委员会向议会提交法案，要求禁止大型银行的自营交易，这一规定将于 2017 年 1 月起执行。[23]

大而不倒：是规模的问题吗

自从"大而不倒"这样的表述出现以后，它已经有许多变种：

"大而不倒"解决了大型金融机构破产的问题，这些机构不能破产，因为它们对金融体系有着系统性的影响，进而影响到经济的其他部分。

"弯而不倒"常用于关于大型银行的文章中。

"大而难诉"或"大而难拘"则是全球司法体系和检察官们的关注点。

总检察长告诉参议院司法委员会："有些机构的规模太大令我堪忧，因为当我们起诉它们的时候就会相当困难，如果我们提起刑事指控，将对国民经济产生负面影响，甚至影响到世界经济。我认为这是其中一些机构逐步扩大的目的。[24]

"大而不管"至关重要。芝加哥国际事务委员会于 2013 年 5 月 9 日举办了一个论坛，对这一主题进行了研究：

> 从多德—弗兰克法案到《巴塞尔协议Ⅲ》以及其他方面，金融监管机构在努力追赶快速发展、日益复杂的全球金融市场。为了打击金融危机中暴露出的自身系统性风险，监管机构逐步实施了一些新的规则，包括银行资本要求、衍生产品和商品市场等方面。虽然有些人认为监管机构做得还不够，但也有人认为新规定不公平，甚至是反竞争的。在这样的背景下，全球金融监管的工作和目标是什么？我们该如何降低风险，同时保持美国金融机构在全球经济中的竞争力？[25]

监管机构虽然不愿承认它们无法监管大型全球性金融机构的事实，但它们的追踪记录依旧很差：它们并未意识到问题的来临，而且，一直相信这个问题将自行解决。其原因之一在于监管的分散性。这是系统重要性金融机构的特殊制度的重要性所在。

FSB 代表二十国集团对"大而不倒"问题负责。在其 2013 年 9 月 3 日的报告中，得出的结论是：

> 有迹象表明，公司、市场和评级机构已经做出调整以应对政府机构解决"大而不倒"的决心，因此，评级机构已经降低了它们对政府支持的可能性假设，以期为某些公司制定一个可靠的和可行的解决方案，进而取得长足的进步。至于其他公司，市场并没有改变它们对非常规公共支持依赖的假设，部分原因是对那些使公司更可分解以及制定可信的解决方案计划的进程缺乏披露，以及解决制度立法改革存在不确定性。这需要时间来建立新框架的可信度以解决"大而不倒"问题。[26]

"大而难管"，没有人愿意面对这些庞大而复杂的大型全球机构的管理能力问题。然而，这却是个重要的主题。当他们开始认识到一些活动自己无法理解时，管理即已失败。这比"大而不倒"的问题更难解决。银行为什么可以进行大宗商品交易？银行又为什么需要对冲基金？

原通用电气总顾问本·海因曼（Ben Heineman）在《哈佛商业评论》杂

志上发表了一篇有趣的文章。他碰巧知道这个问题：通用电气资本下属22 家企业，而且它只是通用电气公司的业务之一。其旗下 Kidder Peabody 公司因乔·杰特（Joe Jett）的庞氏骗局而被清盘，正是不当的管理程序造成的。

金融行业存在的问题多得惊人：违规交易带来不可预见且难以估量的数十亿美元损失，风险与估值的不当控制，公司内部和董事会的欺骗性沟通，存在缺陷的抵押贷款发行、贷款修改和债务收集行为，能源市场操纵，伦敦同业拆借利率操纵，参与帮助毒贩或恐怖分子的洗钱活动。此外，还有对雇佣中国官员子女就业的可疑性。有些问题在 2008 年危机发生之前就出现了，有些则是从那之后才陆续暴露，但这都不是多德—弗兰克法案评论家所担心的监管问题，一旦得到证实，这些问题都是不法行为的核心问题。[27]

目前，还尚无具体行动。银行的资产负债表继续扩张，活动仍多样化进行，行为和心态没有改变，正如伦敦同业拆借利率危机和"伦敦鲸"表现出来的那样。其中一个原因必然是管理不善、监管不当或太复杂太庞大。由于没有逐渐缩小和限制其规模，他们将不可避免地成为另一个超级危机的根源。

禁止银行投资大宗商品

更令人担忧的是银行一直可以进行非金融资产交易，而且银行对此的理解也存在不确定性。大宗商品交易出现丑闻，以及提高资本充足率的必要性导致许多银行出售或关闭此类活动。最近的一次是在 2014 年 3 月，摩根大通宣布，以 53 亿美元出售其大宗商品交易业务给摩科瑞集团，这是一家瑞士贸易公司。[28]

银行没有任何理由参与该市场，它们操纵市场的能力已经对实体经济产生了实质性的影响，美亚保险（AIG）在加利福尼亚操纵电力集团，摩根大通操纵其原有的大宗商品交易活动，更重要的是，操纵导致了石油和食品价格的大幅提高。

大宗商品交易是有目的的，银行可以作为其客户的经纪人而存在。然而，它们不应该是投资者，也不是为此目的而存在的。这将大大减少与其自身金融机构的使命无关的风险。它们的职责仅是帮助其客户而已。

一些公司已开始处理或关闭这些业务。最近的一家是摩根士丹利，该公司在 2013 年 12 月 20 日发出声明：

> 摩根士丹利已将其多半全球石油现货交易业务出售给俄罗斯国有石油巨头俄罗斯石油公司，成为华尔街又一家出售其大宗商品业务的金融机构。[29]

> 该交易标志着俄罗斯最大的石油生产商打入美国市场的大胆举动，该公司董事会主席依格·塞克勤（Igor Sechin）正是俄罗斯总统弗拉基米尔·普京（Vladimir Putin）的强大盟友。俄罗斯国家几乎拥有俄罗斯石油公司 70% 的股份。[30]

注　释

［1］安得烈·罗斯·索金（Andrew Ross Sorkin）：《大而不倒：华尔街和美国政府如何拯救金融系统的内幕》，纽约：维京企鹅出版社 2009 年版。索金，《纽约时报》财经记者，趣味解读 2008 年美国和全球金融市场崩溃之事。这本书在对金融危机的主要参与者进行采访的基础上写成。这些采访记录通过录音、笔记、介绍、日历、通话记录及其他方式保存下来。http：//bizfinance.about.com/od/bookreviews/fr/Too_Big_to_Fail.htm.

［2］德勤发布的研究称"系统重要性金融机构（SIFI）设计及其对非银行金融机构的潜在影响：一个路线图，通过设计系统重要性金融机构，为非银行金融公司打开新世界"。www.deloitte.com/assets/Dcom-UnitedStates/Local%20Assets/Documents/us_aers_grr_crs_SIFI%20Designation%20%20_0313.pdf.

［3］2012 年 11 月，金融稳定委员会（FSB）对系统重要性金融机构（SIFI）的更新。www.financialstabilityboard.org/publications/r_121031ac.pdf.

［4］www.financialstabilityboard.org/publications/r_130716b.pdf.

〔5〕2013 年 9 月 6 日，惠誉评级，"G-SIFI 债务缓冲关键评级等级的变量和组合。www.fitchratings.com/gws/en/fitchwire/fitch—wirearticle/Level-and-Mix?pr_id=801411.

〔6〕当我们分析该如何决议和恢复规则时，我们将进一步定义"单点进入"的概念。美国银行家对联邦存款保险公司方法的评论。www.ameri-canbanker.com/dodd-frank/fdics-single-point-entry-plan-is-option-to-solve-tbtf-1059149-1.html.

〔7〕2012 年 2 月，专员米歇尔·巴妮尔（Michel Barnier）成立了银行结构改革的高级专家组。我们的任务是评估是否直接针对个别银行的结构进行下一步的改革，进一步减少失败的可能性和影响，确保在失败后继续行使重要经济职能，更好地保护脆弱的小额客户（主席寄语）。http://ec.europa.eu/internal market/bank/docs/high-level_expert_group/ report_en.pdf.

〔8〕www.parliament.uk/briefing-papers/SNO6171.

〔9〕2012 年 3 月 29 日，维克斯报告以及英国银行业的未来。巴拿巴·雷诺兹（Barnabas Reynolds）、希尔曼（Shearman）、斯图灵（Sterling）的博客，哈佛法学院公司治理与金融监管论坛。http://blogs.law.harvard.edu/corpgov/2012/03/29/the-vickers-report-and-the-future-of-uk-banking/.

〔10〕www.cftc.gov/ucm/groups/public/@swaps/documents/file/hr4173_en-rolledbill.pdf.

〔11〕很少有欧洲领导人会认同纽约时报的论文，伦敦金融城是欧盟金融的救世主。www.nytimes.com/2013/05/20/business/global/the-city-of-london-as-savior-of-eu-finance.

〔12〕〔13〕http://ec:europa.eu/internal_market/bank/docs/high-level_ex-pert_group/report_en.pdf.

〔14〕http://europa.eu/rapid/press-release_IP-14-85_en.htm.

〔15〕http://dealbook.nytimes.com/2013/05/02/why-a-ubs-split-would-not-be-the-best-move/?_=O.

〔16〕www.federalreserve.gov/inewsevents/press/bcreg/20131210a.htm.

［17］www.sec.gov/rules/final/2013/bhca-1.pdf.

［18］www.skadden.com/newsletters/FSR_The_Volcker_Rule.pdf.

［19］www. bloomberg. com/news/2012-11-21/jpmorgan-turned-cio-into—prop-trading-desk-pensions-say.html.

［20］http：//ec.europa.eu/internal_market/bank/docs/high-level-expert_group/report_en.pdf，p. v.

［21］弗雷德里克·里奇特（Frederick J. Knecht）、基思·A. 诺丽卡（Keith A. Noreika）、卡蕾·S.罗伯茨（Carey S. Roberts）：《沃克尔规则：非美国银行麻烦的含义》，《世界金融家》，2010 年 12 月。www.financierworld-wide.com.

［22］http：//dealbook.nytimes.com/2013/12/24/banks-suit-tests-limits-of-resisting-volcker-rule/.

［23］http：//europa.eu/rapid/press-release_IP-14-85_en.htm.

［24］泰德·考夫曼（Ted Kaufman）：《银行"大而难管"》，载《福布斯》，2013 年 7 月 5 日。www.forbes.com/sites/tedkaufman/2013/05/07/are-banks-too-big-to-tolerate/.

［25］www. thechicagocouncil. org/Files/Event/FY13/05_May_13/Global_Finance_Too_Big_to_Regulate_.aspx.

［26］www.financialstabilityboard.org/publications/r_130902.pdf.

［27］本·赫内曼（Ben Heineman）：《大而难管：摩根大通和大银行》，《哈佛商业评论》，2013 年 10 月 3 日。http：//blogs.hbr.org/2013/10/too-big-to-manage-jp-morgan-and-the-mega-banks/.

［28］http：//dealbook.nytimes.com/2014/03/19/jpmorgan-to-sell-commodities-unit-for-3-5-billion/? _php=true&_type=blogs&_r=0.

［29］www.reuters.com/article/2013/12/27/us-rosneft-morganstan1eycommodities-idUSBRE9BQ05G20131227.

［30］www.reuters.com/article/2013/12/21/us-rosneft-morganstanley-commodities-idUSBRE9BJ1FU20131221.

第九章

银行处置与恢复

我担心决策过程过于复杂，而融资安排却不充分。我们不应该建立一个有名无实的单一处置机制。

——欧洲央行行长马里奥·德拉吉（Mario Draghi）

回望历史，各国政府和国际机构纷纷采取措施，以避免发生类似以往的金融危机，防范系统性风险。最近的银行业危机并不是由宏观外部经济问题所导致，问题在于金融系统本身。相关部门想方设法防止重蹈覆辙，以避免被迫使用纳税人的钱解决危机。

英格兰银行[1]为处置机制制定了五个关键性目标，并据此选择不同的处置措施：

（1）保护并增强英国金融系统的稳定性；

（2）保护并增强公众对英国银行体系稳定的信心；

（3）保护存款人；

（4）保护公共基金；

（5）避免干涉财产权这一违反人权的行为。

最近的监管改革或多或少地受到了上述理念的启示，并旨在追求同样的目标。

道德风险

前国际清算银行总干事亚历山大·拉姆法吕西（Alexandre Lamfalussy）表示：

"系统重要性金融机构一定会得到救助"这一普遍观念带来了两个灾难性的后果：鼓励机构不计后果地从事风险行为，并通过为这些机构提供低价的金融资源使其相比于同类机构获得不公平的竞争优势。为了避免这种情况的发生，必须明确一点：没有一家金融机构，特别是银行，可以依靠保护而不破产。[2]

人们只能同意这样的观点。在过去的 50 年里，许多政府都不得不动用纳税人的钱，进而引发了一场关于银行为所欲为而导致风险的道德辩论。不管怎样，总会有公共资金为银行提供救援。

道德风险的概念诞生于保险领域，是指投保人一旦投保，就会变得粗心，并愿意冒更大的风险，从而增加了承保人的潜在理赔额。[3]

查阅过许多广泛定义之后，我认为剑桥英语词典给出了道德风险最简单、最明确的定义：个人或机构无须为其不当行为承担后果，因此可能会冒更大风险。[4] 更直白的定义是：在这种情况下，你无须对自身行为负责，更容易行事鲁莽，而其后果由其他人承担。[5]

通常情况下，道德风险是政府监管的重要环节。2008 年的金融危机赋予了该问题一个新的维度 [6]：引发银行问题的并不是外部危机，而是它们自身。然而这在政治、道德、社会和经济方面都是难以接受的。

在避免使用纳税人的钱这一焦点上，人们可能会自食其果：

金融危机以来，许多政策的焦点都是出台监管规则，以使公众资金不会再被用来支持金融体系。有人认为，政府应对危机的能力应该适当削减，事实上多德—弗兰克法案一定程度上削减了美联储紧急贷款的权力。这种方法就像实行严格的建筑标准，却撤销消防部门。然而，我们不仅需要建筑标准，也需要消防部门来保障人身和财产尽可能地远离火灾。同样，我们需要强有力的监督和监管，以及一个强有力的最后贷款人，以保障人身及财产不受金融灾难的影响。[7]

银行自救机制能否避免纳税人的救助

人们必须认识到银行自救机制（bail-in）主要是为了保护公共资金，即纳税人的钱。大多数国家或国际组织正在由"救助"走向"银行自救机制"。[8]

银行自救机制在破产之前生效，根据当前的建议，监管机构有权让债权人承受损失，而使其他状况相似的债权人免受损失，如衍生品交易各方。通过快速地处理问题机构，也将有助于消除金融系统的不确定因素。[9]

金融机构不应该被外部的资金渠道所救，而是要自己制订计划，利用内部资源防止并在必要时提供有效的恢复机制，并由监管机构监管和监督。

虽尚未得到验证，但银行自救机制的确是一场革命，它将迫使金融机构的管理层和董事会更好地管理风险，避免依赖股东、债券持有人甚至储户进行救助。这一机制为危机提供了解决方案，否则主要受害者将是股东、债券持有人，甚至是存款人。

约翰·开菲（John C. Coffee）概述了一些可能的选项：

由于金融机构在提高其盈利能力方面最快速、最简单的方法是提高其杠杆率，因此监管机构和系统重要性金融机构在风险和杠杆作用方面存在持久的紧张关系。许多人认为，2008年的金融危机是由于金融机构因执行补偿制度不完善而被诱导提高杠杆率造成的。然而，越来越多的证据表明，股东默许了这些补偿公式，致使管理者接受更高风险的杠杆率。股东压力是一个可能导致系统重要性金融机构失败的因素。

那么可以做些什么来防止以后发生类似的失败？多德—弗兰克法案用大量篇幅叙述预防控制和监管监督，但本书认为，金融监管的政治经济学决定了监管监督的最终缓和（"监管的正弦曲线"(the regulatory sine curve)）。此外，多德—弗兰克法案大大降低了金融监管机构对处于困境中的金融机构进行救助的能力，而在很大程度上迫使此类金融机构在联邦存款保险公司（FDIC）主持下进行强制破产和清算。[10]

财政危机的教训

以往金融危机的经验无疑给了我们一些痛苦的教训。金融危机，即便可以被预测，仍然会在最终爆发后将"风暴"推向高潮。在这个阶段，一切处于慌乱状态，需要果断的时间管理、规划和沟通。[11]

雷曼兄弟的破产告诉那些金融监管者，如果被救助的机构是跨国企业，那救助将是一个巨大的挑战。全球范围内的管辖冲突此起彼伏，然而，在雷曼兄弟的案例中，其业务的一大部分出售给巴克莱资本（英国），由巴克莱资本负责其美国经济交易业务[12]，以及野村证券（日本）处理其国际业务。[13]

生前遗嘱，即银行濒临倒闭时希望被如何对待

金融危机的经验表明，一些偶然因素使对金融机构的救援比想象中更加复杂和昂贵。这是危机管理的策划部分。监管机构对此设计了多种英国人所谓的"生前遗嘱"：

这些都是详细的计划，让银行事先规定如何在危机中筹集资金，以及在破产后如何拆分业务。[14]

美国模式

该过程现已到达执行阶段。美国联邦储备委员会要求并已收到15家银行的处置计划。通常情况下，这些计划会被公布。最新版是2013年10月1日版：

《多德—弗兰克华尔街改革和消费者保护法案》要求，合并资产达到

500 亿美元及以上的银行控股公司，以及由美联储监管的、由金融稳定监督委员会指定设立的非银行金融机构，每年须向美联储和联邦存款保险公司（FDIC）上交处置计划，该计划通常被称为"生前遗嘱"，必须包括在公司发生重大财务困境或破产时快速、有序的处置策略。[15]

它们都遵循相同的模式，发布的计划都是对原则的趣味解读，而不是实际的行动方案。它们彼此相似，都有大约 30 页。

如果我们不相信细节计划将闭门讨论，那么当前的文件可能会使人们对美联储"生前遗嘱"方案的严肃性产生怀疑。人们真的相信"生前遗嘱"吗？

位于里士满的美国联邦储备委员会主席杰夫瑞·莱克（Jeffrey Lacker），对这个问题做出了坦率的回答：

我不认为我们所做的达到了我们的要求，但我们取得了良好的进展。我认为过去两年，在准备这些关于大型银行持股公司破产申请的报告时，人们已经学到了很多。其主要目的是，在危机中，决策者可以选择它作为行动指南，按照美国破产法来解决大型金融机构问题，这是"生前遗嘱"的初衷，并没有特别的政府支持。如果我们不能让人们相信决策者会在危机中做出破产选择，那么我们会选择大而不倒，因为债权人相信他们在危机中会得到拯救，而我们几乎解决不了什么问题。[16]

花旗银行的恢复计划

我花时间读了全球最复杂银行之一的美国花旗银行的恢复计划。[17] 这是参考其他银行的计划制订出的相似的计划。多数文件并没有透露美联储未知的内容，甚至公众亦可参阅。下面这部分是处置策略的概述：

（1）拯救银行：很明确，首先要保存银行结构，需要达到几点要求：第一，为银行组织进行资产重组。处置的第一种策略是，花旗集团总公司在破产之前，会支持花旗银行，如果必要的话，还会为花旗银行重新注资。花旗集团相信有足够的资源来这样做，即使面临严峻的压力。

（2）第二种策略是出售资产：通过有序的方式，逐渐减少或者出售花旗银行的业务，以便在转移到其他服务提供商时可以为客户提供连续的服务。在这种策略下，花旗银行的业务和资产被有序出售或逐渐减少，利用花旗的资本资源来完整保全存款人的利益及其流动资产，以此能够使得花旗银行业务缩减活动有条不紊地进行。[18]

虽然看起来合情合理，但之前金融危机的教训从某种程度上来说却和这些情形相矛盾。

（1）总公司没有资金进行资产重组。

（2）市场不愿参与这种资产重组。

（3）流动资产一般来说可能被处置或者被当作现有负债的额外抵押。

（4）剩余资产和业务可能需要数月进行处理、转让。

这些计划被公布后，并没有得到监管者的热烈欢迎。它同样是律师的宏伟蓝图，而非严肃承诺，充其量也只是具体计划的铺垫。

它们不是给应对下一次金融危机的高管们准备的。"它们被当作常规下的演练，由律师们着手准备，那些并不代表将会发生的事情。"前美联储银行审查员、美国波士顿大学金融学教授马克·威廉姆斯（Mark Williams）如是说。[19]

联邦存款保险公司在美国本土所扮演的角色

美国储贷危机[20]之后，美国政府就创建了一套恢复机制，这个系统把银行分成"好银行"和"坏银行"。解决银行问题的中心在于联邦存款保险公司（FDIC），它是处理各种银行破产的一个联邦机构。

联邦存款保险公司是由美国国会建立的一个独立机构，通过以下途径来保持国家金融系统的稳定性和公信度：

（1）存款保险；

（2）出于安全和稳定性以及保护消费者的目的，检查和监管金融机构；

（3）实施破产管理。[21]

希拉·贝尔（Sheila Bair）在金融危机期间担任联邦存款保险公司董事会主席：

在2006年6月上任后不久，贝尔就开始对次贷的爆炸性增长可能带来的危险敲响了警钟，她担心次贷不仅会在房产拥有者违约时破坏社会安定，也会对银行系统造成严重破坏。联邦存款保险公司是美国唯一对次贷敲响警钟的银行监管机构。[22]

这一重要角色已经通过多德—弗兰克法案的某些重要规定得以证实。

多德—弗兰克法案的有序清算条款的第二章，为濒临破产的大而复杂的金融公司提供了一个快速有效的清算程序。第二章对于破产提供了另一种选择，这种情况下联邦存款保险公司被任命为破产管理人，实施公司的清算和关闭程序。联邦存款保险公司被赋予了一定权力，并且在3~5年的时间内完成清算过程。第二章致力于保护美国经济的金融稳定性，迫使股东和债权人承担金融公司倒闭的损失，去除对公司财务状况的管理，确保索赔人得到的赔偿至少和在银行破产清算中获得的一样多。[23]

联邦存款保险公司董事会主席吉姆·威根德（Jim Wigand）在一次采访中，给出了一些观点：

这种程序使得政府从控股公司的层面操控一个失败的大公司，并且继续操作运营它的子公司。股东们将会被剔除，管理层被替换并且解决公司其他事情的计划将由一个间接持有公司制定执行。

当被问及一个退出有序的公司与遵循制度的公司是否类似的时候，威根德给出了明确的答案。"肯定不一样，"他说，"一个退出整个程序的公司，一定是非系统性的。"

资产被出售，整个公司业务被拆分，但当联邦存款保险公司完成清算时，公司将会变得更小，更简单。联邦存款保险公司参与运营任何过桥公司会长达六个月，但整个过程可能更久，所以威根德表示联邦存款保险公司可以通过监管协议继续影响公司的运营。[24]

联邦存款保险公司在解决银行危机的过程中将会扮演重要的角色。它支持一个系统对有问题的金融机构提供单一进入点，并在12月18日，提出更细致化的规则。然而，单一进入点也会包含风险和挑战。

在关于这个问题的文章中，美国环球律师事务所的希尔曼（Shearman）和斯特林（Sterling）明确地表达以下观点：

单一进入点的产生是因为，联邦存款保险公司在很大程度上选择了有序清算制度这种处置策略，是因为它本身相比较其他的选择方案（即销售、清算和逐渐减少资产策略）有自己的优势，并且事实上，它解决了许多自多德—弗兰克法案颁布以来出现的障碍困难。就这一点而言，尽管这样的解决方案迫使系统重要性金融机构出售资产给第三方（而非资产重组）有一定的吸引力，但它面对的根本挑战是，可能不会有收买者有欲望和财力来实施收购，即使他们的监管机构有意进行这样一笔收购。

完全清算的处置策略和逐步减少的处置策略也有一系列的风险和挑战。此外，还包括耗时、债权人的持续经营价值的损失、系统重要性金融机构为整体经济提供的关键服务的缺失。与此相反，联邦存款保险公司认为单一进入点带来的资本重组可以相对较快地得以实现，可以继续维持核心业务，并且也不依赖收购方的意愿和实力。

尽管单一进入点战略消除了其他战略的很多顾虑，但是其本身也并非是完美无瑕的。众多障碍困难之一就是风险，这里的风险指的是单一进入点战略的有效性会因为非美国机构对系统重要性金融机构或其资产持有管辖权形成的潜在障碍而受到破坏。为了解决风险，通知建议使用"多个进入点"处置策略。通知中说道，"多个进入点"解决策略涉及对各类持股公司的管辖权进行定位，之后在紧急时刻可以被用来作为单一进入点。[25]

《金融时报》发表的一篇文章详细描述了这一选择[26]：

目前，金融稳定委员会决定再次介入，在上月秘密发布的指导性文件中，澄清了银行该做什么。

文件中提到，大型跨国银行必须在两种"解决机制"之间进行抉择，指示其如何重组机构以及确保无论发生什么，都能够继续维持银行的核心业务，包括支付系统、贸易金融、吸收存款等。

这些被称为"单一进入点"策略，针对的银行包括作为综合集团运营的高盛集团和摩根大通集团；还有的被称为"多个进入点"策略，针对的银行包括作为当地资本化子公司运营的西班牙国际银行和香港汇丰银行。[27]

英 国

英国使用"生前遗嘱"的概念。这一概念收录于 2009 年银行法案中特别处理机制相关词典之中。[28] 2011 年 8 月 9 日，《金融时报》首席记者布鲁克·马斯特斯（Brooke Masters）总结了英国的情况：

> 所有英国存款机构和大型投资公司必须草拟"生前遗嘱"，帮助它们一周之内修复创伤，迅速把资金归还给客户。

> 英国六大银行正在制定这种恢复和处置方案，旨在尽力避免再次发生银行危机。但是周二的时候，英国金融服务管理局在一份咨询文件中说到，需要超过 250 家银行和金融合作社以及资产超过 150 亿英镑的投资公司参与进来。[29]

英国六家主要银行一直迟迟不肯行动，英格兰银行的特别清算部门[30]不得不用自己的"生前遗嘱"提醒它们。德勤分析英国的"生前遗嘱"包括一条重要消息：必须由管理者来管理恢复方案。最终必须由管理者而不是监管者去执行这些"生前遗嘱"，除非监管者进行最终裁决，替换管理层。

（1）恢复计划——一个维持公司在危机或压力期间继续运营的能力的计划。恢复计划中的行动包括业务或资产处置，商业风险的减少或债务重组。行动必须要有足够的物质支持，以便对公司的资本和（或）流动资产产生影响。管理者负责管理恢复计划。

（2）处置计划——一个在公司运营困难时有关清算机构按秩序帮助公司解决困难的计划。处置计划由有关机构制定和执行，有关机构按照公司的要求进行大量的分析以便更好地制订计划。处置计划应当不影响金融稳定、保持经济的核心功能正常运行、避免纳税人遭受损失。[31]

欧洲银行处置和恢复计划指令

2012 年秋，欧盟公布了一个银行处置和恢复计划指令的提案 [32]，2013 年 3 月又公布了一个新版本。这份文件提出了解决银行多重债务的综合方式，可自动转换为净资产的自救手段，以及受内部恢复计划影响的债务层级。

该指令草案需要依赖国家机构和救助基金联盟来解决银行的问题。尽管这一联盟是最大限度地减少国内不同方法和单一市场分散化的重要一步，但是对于那些使用共同货币的成员国或者受到欧洲中央银行监管的成员国来说是远远不够的。

共同的力量和手段旨在预先消除银行危机，有序帮助任何经营困难的金融机构，同时维持银行主要业务，尽量减少纳税人遭受损失的风险。

该指令计划采取一系列手段从三个阶段处理银行潜在的危机：筹备和预防、早期干预、最后清算。

金融机构需要草拟恢复计划，每年对其进行更新，制定经济下滑时为了恢复自己的金融地位所需采取的措施。清算机构需要为每一家金融机构预备处置计划，为满足清算条件金融机构制定可行方案。

同样，在金融局势可能会急剧恶化或者法律遭受严重侵犯时，机构应当有权向金融机构指派专门管理者。[33]

尽管存在着这些规定，2013 年意大利政府还是不得不对其第三大银行进行救助。意大利西亚那银行 [34] 是欧洲最古老的银行之一。如果不是政府救助，该银行已经因为收购安托威内塔银行 [35]，投资德意志银行 [36] 和日本野村证券一系列衍生品时过度举债和超额偿付而倒闭了。该银行曾试图隐瞒数亿欧元的损失，为了安全起见，合同由银行行长保存了起来。

自此之后，意大利最大的银行——意大利联合信贷银行大胆地冲销了超过 200 亿欧元来清算其高价收购造成的坏账。[37]

2014 年 3 月，欧盟成员国和欧盟议会之间达成了一项协议。[38]

监管技术标准

欧洲银行监管局负责为恢复计划制定监管技术标准，为银行的恢复计划就其方案、评估和内容等方面制定了一系列指导方针。

恢复计划的目标是确定应对危机的方案，并且评估这些方案是否足够稳健，是否足够多样化以应对不同的挑战。因此，恢复计划的关键组成部分是管理、战略分析、沟通计划和预防措施。

（1）管理的部分应该允许适当地发展、批准和及时实施恢复计划。

（2）战略分析确定了公司的核心业务及其重要职能，并且制定了压力情况下采取的关键措施，以及公司的其他组成部分。

（3）出于这个目的，恢复计划应该包括减少公司风险的措施，应对流动性冲击的措施，强调资本和战略选择，比如，缩减公司的业务线以及重组债务。

（4）沟通计划则应该旨在保证与执行恢复计划有关的内外部沟通能有效进行。恢复计划应包括对预防措施的分析，这些措施在恢复前阶段可以增加恢复方案的有效性。[39]

鉴于这一指令还没有最终确定，因此人们很难预测恢复计划的内容。然而，有意思的是，法国巴黎银行和荷兰银行已经向美联储提交了它们的"生前遗嘱"。[40]

处置规则是否有效

应对危机的解决方案实施起来十分困难，除非有什么好的方法。因此，处置和恢复机制的法律框架是否可以随时付诸实施至关重要。在金融危机期间的决策过程需要权威的关键人物做出重大决策并立即采取行动。

汉克·布鲁森（Hank Paulson）是经济危机期间的财政部长，他在书中叙述了雷曼兄弟破产前六个月的时间内发生的多次谈话。尽管人们并不惊讶，但是毕竟雷曼兄弟仅仅一个周末就经历了从复苏到破产的全过程。这种经历无疑是巨大且剧烈的。[41]

雷曼兄弟的破产告诉那些金融监管者，如果被救助的机构具有全球性的特点，就注定是一个巨大的挑战。全球范围内的管辖冲突此起彼伏，然而，在雷曼兄弟的案例中，其业务的一大部分出售给巴克莱资本（英国）[42]由巴克莱贸本负责其美国经济交易业务，以及野村证券（日本）[43]处理其国际业务。

一个不切实际的欧洲机构挑战

欧洲能够设计出一个一致的监管体系吗？我在一篇文章中问过这个问题，该文章发表在哥伦比亚法学院的欧洲法律线上期刊[44]（Columbia Journal of European Law Online）上。毋庸置疑，正如法兰克福和马耳他、伦敦和斯洛伐克各不相同一样，在二十七个国家之间，法律制度、司法管辖、银行传统和文化同样存在差异，因此处置和恢复计划面对的挑战更加复杂。

因此，期待欧洲能像美国一样同步和协调是不公平的。更重要的是，欧洲监管条例的部分章节在一些国家中已经得到了实施，比如英国、德国、法国或者意大利。

如前文所述，本书一再强调，那些困难其中之一就是正确看待银行监管的目标。

在欧元区，即将欧元作为统一货币的国家，建立统一银行联盟的倡议是了不起的，同样也是不容小觑的。该项目的大胆设想不容忽视。

欧洲银行联盟能成为欧洲人设想的那样吗？也许不能。但是非常有意思且具有挑战性的问题是，在历史和文化多样性的现实中，要实现银行联盟还需要什么？

欧洲银行联盟有三个组成部分：第一个组成部分是单一的监管机制，让欧洲央行能够在欧元区拥有最终的银行监管权力。

　　欧洲央行正在准备采取新的银行监管任务作为其单一监管机制的一部分。

　　单一监管机制会创建一个新的金融监管体系，由欧洲央行和成员国中有竞争力的权威机构组成。这些成员国包括使用欧元作为货币的国家，以及不使用欧元但已经下决心要同单一监管机制建立紧密合作关系的国家。[45]

　　第二个组成部分是欧洲存款担保计划。这是欧洲银行联盟中最为困难的一部分，也是最不容易实现的一部分。人们无法想象银行会为彼此影响存款的行为负责任，并且相互救援。有能承担 6.9 万亿欧元的存款风险计划吗？详见图 9-1 和表 9-1。

　　第三个组成部分涉及欧元区银行的处置和恢复计划，包含在欧盟委员会发布的指令草案中：

　　　　提议的指令旨在为国家主管部门提供共同的权力和手段，预先消除银行危机，有序帮助任何经营困难的金融机构，同时维持银行主要业务，尽量减少纳税人遭受损失的风险。

　　　　该指令计划采取一系列手段从三个阶段处理银行潜在的危机：筹备和预防、早期干预、最后清算。

　　　　金融机构需要草拟恢复计划，每年对其进行更新，制定经济下滑时为了恢复自己的金融地位所需采取的措施。清算机构需要为每一家金融机构预备处置计划，为满足清算条件金融机构制定可行方案。

　　　　同样，在金融局势可能会急剧恶化或者法律遭受严重侵犯时，机构应当有权向金融机构指派专门管理者。[46]

　　目前正在英国苏格兰皇家银行[47]进行测试，区分好银行和坏银行。

谁来决定把公司置于处置方案的监管之下

　　这个体系未回答的问题是它是否符合欧盟的辅助性原则。丽莎·麦肯娜（Lisa McKenna）是我在哥伦比亚法学院研讨班的学生，她就这个问题写了一篇相当有见地的文章。不幸的是，她的结论并不支持欧盟委员会的说法。

表 9-1　2012 年底欧洲主要国家的存款崩溃

| | 存款（十亿欧元） | | | | | 占总存款百分比（%） | | | | | |
| | 合格的 | | | | | 合格的 | | | | | |
	涵盖	未涵盖	合格总量	不合格	总量	涵盖	未涵盖	合格总量	不合格	总量	未涵盖及不合格
意大利	461	215	676	449	1125	41	19	60	40	100	59
英国	925	485	1410	338	1748	53	28	81	19	100	47
比利时	212	90	302	92	393	54	23	77	23	100	46
葡萄牙	91	56	147	15	162	56	35	91	9	100	44
瑞典	143	96	239	0	239	60	40	100	0	100	40
希腊	103	30	133	28	161	64	19	83	17	100	36
荷兰	421	121	542	72	615	68	20	88	12	100	32
爱尔兰	97	35	132	0	132	74	26	100	0	100	26
德国	1799	612	2411	0	2411	75	25	100	0	100	25
法国	1191	406	1597	0	1597	75	25	100	0	100	25
西班牙	747	149	896	65	961	78	15	93	7	100	22
总量	6189	2295	8485	1059	9544	65	24	89	11	100	35

资料来源：EU，RTD，英国银行，欧洲央行，巴克莱调查。

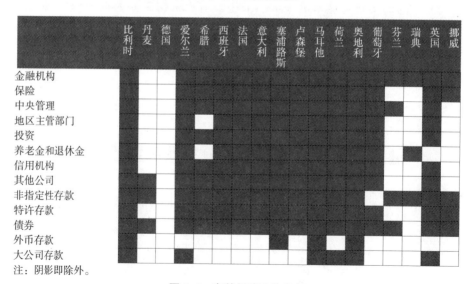

注：阴影即除外。

图 9-1　存款保险除外责任

　　我认为现在提议的储蓄资源管理（SRM）并不符合欧盟条约规定的辅助性原则。该辅助性原则要求欧盟只能够在一个领域行事，这个提案的目标一是成员国无法完成，二是在欧盟层面上更容易完成[48]。而现在的国家处置方案机制无疑是低于标准的，辅助性原则同样要求储蓄资源管理的目标在欧盟层面比国家层面更有效果。我确信，提议的储蓄资源管理在监管银行清算方面不会比国家政府颁布统一的清算律法更加有效。事实上，提议的储蓄资源管理如果没有更深入的改革实施，将收效甚微。我认为只有建立欧洲联邦存款保险公司——一个全新的，统一集中的清算机构、共同的清算基金和泛欧存款担保计划于一体的独立机制——储蓄资源管理才能更好地管理银行失灵和清算。这两个体系在实施过程中都会面临诸多法律挑战，一个欧洲联邦存款保险公司就能符合辅助性原则，但是提议的储蓄资源管理却不能。结论是，相比储蓄资源管理，欧洲联邦存款保险公司在法律和实际操作上都是更稳健的政策选择[49]。

　　欧盟委员会发布的文件泄露了一个错综复杂的决策流程，以及使其项目几乎无法实施的机构（见图9-2）。

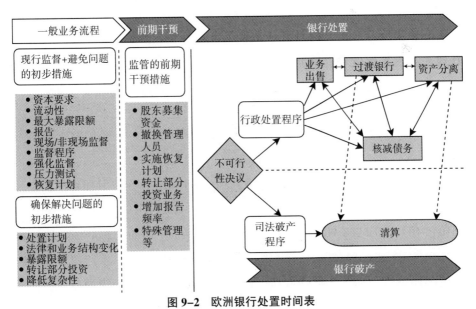

图9-2　欧洲银行处置时间表

资料来源：http://eur lex.europa.eu/LexUriServ/LexUriServ.do? uri=COM：2013:0520:FIN:EN:PDF。

清算要在破产银行做出公平公正决议之后进行。

（1）银行监管者欧洲央行宣布，如果存在系统威胁，且无私有部门自行解决方案，那么银行就对欧盟委员会、清算委员会、相关国家机构破产。

（2）如果这样，清算委员会需提请欧盟委员会发起对银行的清算。

（3）欧盟委员会决定发起清算，指示清算委员会制定清算框架，并利用清算基金支持清算行动。

清算委员会采取国家清算机构通过的清算方案，确定解决工具、手段、融资方案，并指导相关国家机构执行这些清算方案。

（4）国家清算机构依据国家法律，执行由清算委员会通过的清算方案。如果国家清算机构不同意执行清算委员会的决定，清算委员会有权利取代国家清算机构，直接对银行实施清算。[50]

任何涉及过多决策者的清算过程都可能会失败。

在这个决策过程中，位于布鲁塞尔的欧盟布勒哲尔智囊团问的就是这个问题。通过对比最新的两个决策过程，证明了欧盟委员会的能力不断增强。

12月12日，欧盟经济及财政事务理事会通过了银行清算方案的原则：

本法律适用于所有28个成员国，是我们为欧盟国家的所有银行逐步建立的金融监管框架的重要部分，以从危机中吸取教训。确保破产的银行能够以可预计的、有效的方式，以及利用最少的公共资源解决问题，这是欧洲金融领域重拾信心的最基本方法。单一清算机制一旦落实，将会成为在银行联盟中实施新规的权威。随着这些新规的落实，对银行的大量救助及对纳税人的影响将最终成为过去。[51]

很难相信欧盟财政部长们会真的相信他们所说的。不管是他们的交流问题、误导还是无能，鉴于他们之前所做的决定、干预和陈述，这并不令人惊讶。

2013年12月最终版本（见表9-2）表明欧盟委员会试图在清算过程中掌握领导权。如果人们怀疑欧盟经济及财政事务理事会的专业性，毫无疑问，欧盟委员会就是在银行清算问题上完全没有能力的政治团体。由于他们工作是以一致性为基础，他们一旦采取行动，就将推迟整个进程，将其变成政治舞台，进行滞后干预，而干预的能力又是灾难性的。

表 9–2　最初和 2013 年夏欧盟委员会恢复和处置决策过程

	哪个层级决定解决哪些银行的问题，如何解决	
	原始的委员会提议 2012 年夏（银行恢复与处置指令） 委员会提议	2013 年夏（银行恢复与处置指令+SRM–SBRF）
谁制定恢复计划阻止问题银行的破产	银行创建了自己的计划，有相关监管机构同意（国家机构或 SSM）	银行创建自己的计划，由相关监管者同意（国家机构或 SSM）
谁启动破产银行的清算	成员国的监管者基于银行恢复与处置指令实施规则	董事会基于欧洲央行提供的信息和银行复苏与解决指令制定的规则
谁启动银行处置计划	NRA 与系统风险委员会和欧洲银行业管理局	委员会制订宏观计划，委员会执行部确定具体方案，两者均由银行恢复与处置指令指导
谁开创跨境处置方案	清算机构，包括国家清算机构和欧洲银行管理局	
谁实施方案	NRA	NRA
谁监督实施过程	监督委员会	清算委员会
不符合欧盟指导、计划的如何制裁	委员会依据常规的欧盟运作条约过程	清算委员会能够避开国家主管部门直接实施 NRA 未通过的计划
该方案如何获取资助	国家清算基金	单一银行清算基金

资料来源：Christopher Gandrud 和 Mark Hallerberg：《谁来决定？在欧洲框架内进行银行清算》，布勒哲尔智囊团，2013 年 11 月 29 日。www.bruegel.org/publication–detail/publication/8–3–who–decides–resolving–failed–banks–in–a–european–framework/.

欧盟委员会解决欧洲主权危机的方式毫无疑问地证明，即使在他们的地盘，有经验、有公共财政，其效率也不是很高。他们花了两年时间才提出了糟糕的希腊清算决定和更糟糕的塞浦路斯清算决定。

这也并不意味着欧盟委员会什么也没有做。[52]

新清算体制的关键之一是当局决定加强金融机构监管以解决危机。虽然联邦存款保险公司早有实践，但在欧洲并没有惯例。

除了这些考虑，我们需要认识到，如果将其应用到全球金融机构，决策将会异常困难和充满争议。

很多人会自欺欺人地认为是这个决策导致了这些机构的垮台，如果当局没有宣布这项极端的措施，或许会幸存下来。这给相关政府和机构带来了巨大压力。

雷曼兄弟的垮台让我们感受到了英美之间的差异。不用说，在更加不同的法律和监管系统内，银行的生存也将更加困难。

注　释

［1］ www.bankofengland.co.uk/FINANCIALSTABILITY/Pages/role/risk_ reduction/srr/default.aspx.

［2］亚历山大·兰姆菲尔斯（Alexandre Lamfalussy）：《新世界金融秩序探索》，瑞士，彼得兰恩国际学术出版社 2012 年版，第 171 页。

［3］http：//lexicon.ft.com/Term?term=moral-hazard.

［4］http：//dictionary.cambridge.org/us/dictionary/business-english/moral-hazard.

［5］http：//voices.yahoo.com/what-moral-hazard-devastate-the-8080702.html.

［6］弗里安·赫特（Florian Hett）、亚历山大·夏米特（Alexander Schmidt）：《救助银行会引发道德损失吗？近期经济危机的例证》，2012 年 3 月 1 日。www.iwh-halle.de/d/start/news/workshops/20120524/pdf/hett.pdf.

［7］www.mhfigi.com/wp-content/uploads/2013/09/Five-Years-Later-Paper-by-Jeff-Shafer.pdf.

［8］简言之，救助资金来自外部资金，以避免金融机构破产。救助是一种机制，有些债务属于一种"理发"属性，降低它们的价值，这样，金融机构可以从体制内再度获得资金。

［9］http：//lexicon.ft.com/Jerm?term=bail_in.

［10］约翰·科菲二世（John C. Coffee Jr.）：《救助内外：使用公众资金来减轻系统性风险》，哥伦比亚法律与经济文稿，第 380 卷，2012 年 10 月

22 日，http：//papers.ssrn.com/sol3/papers.cfm？abstract_id=1675015.

[11] 威廉·R. 罗德（William R. Rhodes）：《银行家向世界：全球金融的前沿课程》，纽约：麦格劳山，2011 年版。

[12][42] 巴克莱银行与英国银行未能达成拯救雷曼兄弟协议的三天之后，在星期三宣布已经达成协议，以 17.5 亿美元销售价格购买了该投资公司的核心资本市场业务，远低于雷曼的希望。www.nytimes.com/2008/09/18/business/ worldbusiness/18barclays.html？pagewanted=all&_r=0.

[13][43] 这是野村证券就此次收购对其投资者的展示。www.nomura-holdings.com/investor/summary/financial/data/2009_2q_leh.pdf.

[14] http：//lexicon.ft.com/Term？term=living-wills.

[15] www.federalreserve.gov/bankinforeg/resolution-plans.htm.

[16] www.charlotteobserver.com/2013/11/08/4447563/feds-lacker-on-bank-crisis-bernanke.html#.UngruK6nj4.

[17] 这是花旗银行计划的内容：

结论：花旗比以往更强健。（5 页）

材料清单。（1 页）

核心产品线介绍（4 页）：四个产品的各自定义。（1 页）

财务资料摘要："花旗的资金和流动性的目标一般是维持流动性，基金现有的资产基础以及发展其核心业务"，然后是财务数据的汇总。

其余：得到了最新的美国证券交易委员会报告。（3 页）

衍生业务：无数字。在美国证券交易委员会备案。（1 页）

解决方案：我们认为这将是容易的：一个复杂的职能、法律实体、业务线管理结构的工作网络委员会，以支持花旗的决议计划提交的发展和实施。

金融市场公用事业（1 页）会员资格。

国际业务描述：包括占收入份额、收入和平均资产份额的信息。（4 页）

主要监管机构：监管丛林。（1 页）

主要监管机构描述：一个伟大的信息系统。（2 页）

[18] www.federalreserve.gov/bankinforeg/resolution –plans/citigroup –lg –20131001.pdf，p. 28.

[19] www.nytimes.com/2012/07/04/business/living–wills–of–how–to–un–wind–big–banks–are–released.html.

[20] 美国 "储蓄和贷款危机和银行的关系"，《20 世纪 80 年代和 90 年代初的银行业危机的检查》，第 4 章。www.fdic.gov/bank/historical/history/167_188.pdf.

[21] http：//www.fdic.gov/.

[22] 乔·诺则卡（Joe Nocera）：《谢里拉·布莱尔的银行尝试》，2011 年。www.nytimes.com/2011/07/10/magazine/sheila –bairs –exit –interview.html？pagewanted=all.

[23] 康奈尔大学法学部法律信息学院。www.law.cornell.edu/wex/dodd–frank_title_ii.

[24] 巴巴拉·雷姆（Barbara Rehm）:《联邦存款保险公司为计划充实大银行清算过程》，美国，《银行家》，2013 年 6 月 14 日。www.americanbanker.com/issues/178_115/fdic –preps –plan –to –flesh –out –big –bank –resolution –pro–cess–1059876–1.html.

[25][26] www.shearman.com/en/newsinsights/publications/2013/12/the –volcker—rule—a–comparison.

[27] www.ft.com/intl/cms/s/0/41be5e44 –f2ae –11e2 –a203 –00144feabdc0.htm1？siteedition=intl#axzz2b4kw1WGL.

[28] www.legislation.gov.uk/ukpga/2009/1/contents.

[29][31] www.deloitte.com/view/en_GB/uk/industries/financial–services/is–sues—trends/living–wills/index.htm.

[30] www.ft.com/intl/cros/s/0/84a3915e –c28e –11e0 –9ede –00144feabdc0.html#axzz2kI0vvJvl.

[32]《银行恢复与处置指令》(BRRD)，确定困难时期欧盟银行重组的规则，如何实现对实体经济的重要功能，如何将损失和费用分摊给银行的

股东和债权人。它将在国家层面为破产银行提供更全面、更有效的处置，以及处理跨国界银行的倒闭。

［33］www.consilium.europa.eu/uedocs/cms_data/docs/pressdata/en/ecofin/137627.pdf.

［34］瓦伦蒂娜·普波（Valentina Pop）：《意大利银行丑闻中的蒙蒂和德拉基》，《欧盟观察员》，2013 年 1 月 25 日。http：//euobserver.com/economic/118845.

［35］西尔维亚·奥尼波比：《意大利警方调查 Monte Paschi 在安托威内塔的交易》，路透社，2012 年 5 月 9 日。www.reuters.com/article/2012/05/09/usmontepaschi-taxpolice-searches-idUSBRE8481C120120509.

［36］艾丽萨·尼古拉斯（Elisa Monte）、邓巴·马蒂诺兹（Nicholas Dunbar）：《德意志银行衍生品帮助 Monte Paschi 掩盖损失》，彭博社，2013 年 1 月 17 日。www.bloomberg.com/news/2013-01-17/deutsche-bank-derivative-helped-monte-paschi-mask-losses.html.

［37］www.bloomberg.com/news/2014-03-11/unicredit-posts-record-loss-on-bad-loans-goodwill-writedowns.html.

［38］www.europeanvoice.corn/article/2014/march/deal-reached-on-banking-union/80162.aspx.

［39］www.eba.europa.eu/regulation-and-policy/recovery-and-resolution/draft-regulatory-technical-standards-on-the-content-of-recovery-plansHregulatory-activity/consultation-paper.

［40］www.federalreserve.gov/bankinforeg/resolution-plans.htm.

［41］亨利·M.保尔森（Henry M. Paulson）：《在崩溃的边缘：竞相阻止全球金融系统的崩溃》，纽约：阿歇特集团 2010 年版。

［44］乔治斯·尤尼克斯（Georges Ugeux）：《欧洲能设计一个统一的监管系统?》，《哥伦比亚大学欧洲法律期刊》2012 年第 18 期。www.cjel.net/wp-content/uploads/2012/09/ugeux_1-18.pdf.

［45］www.ecb.europa.eu/ssm/html/index.en.html.

［46］www.consilium.europa.eu/uedocs/cms_data/docs/pressdata/en/ecofin/137627.pdf.

［47］www.ft.com/intl/cms/s/0/323d8b46－0bf6－11e3－8f77－00144feabdc0.html.

［48］欧洲联盟，《欧盟条约》，第 5 条，2010 年。http：//eur-lex.europa.eu/LexUriServ.do？uxi=0J：2010：083：0001：0012：E N：PDF.

［49］丽莎·麦肯纳（Lisa Mc Kenna）：《辅助性原则和单一解决机制：一家欧洲联邦存款保险公司的情况》，哥伦比亚大学法学院，欧洲银行与金融研讨会。

［50］http：//eur-lex.europa.eu/LexUriServ/LexUriServ.do？uri=COM：2013：05-20：FIN：EN：PDF.

［51］http：//europa.eu/rapid/press-release_MEM0-13-1140_en.htm？locale=en.

［52］http：//europa.eu/rapid/press-release_MEM0-13-1168_en.htm.

第十章

银行和影子银行

银行资本要求本身就具有将金融中介推向影子银行的作用，如果该部门过度杠杆化，其脆弱程度就会上升。

——前英格兰银行副行长保罗·塔克（Paul Tucker）

随着新的监管规则对银行产生影响，监管者们也会影响银行的正常运营，银行希望获得更多的权益，却不会再像以前那样快速地持续扩大自己的规模。这一演变将推动金融替代的发展（见图10-1）。

金融危机让我们知道，对影子银行不能置之不理，影子银行也需要相应的监督和规则。其迫切性还在增加，人们逐渐意识到随着《巴塞尔协议Ⅲ》（Basel Ⅲ）对于资本充足率和流动性比率的规定使银行业融资的获取更加困难，经济需要进一步增长。

因此，问题并不在于消除影子银行。这对于欧洲来说尤其如此。因为在欧洲，经济增长对于资金的大多数需求不是通过商业银行的贷款，而是通过资本市场的证券融资实现的。

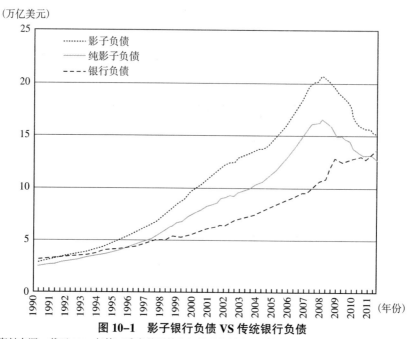

（万亿美元）

图例：
...... 影子负债
——— 纯影子负债
- - - 银行负债

图 10-1　影子银行负债 VS 传统银行负债

资料来源：截至 2011 年第三季度美联储和纽约联邦储备银行的基金流动状况。www.ny.frb.org/re-search/staff_reports/sr458.pdf.

对冲基金

　　对冲基金协会（HFA）是一个国际性非营利行业交易和无党派游说组织，致力于推进另类投资的发展，提高替代工具的透明度和可信度。对冲基金协会（HFA）的会员包括：对冲基金公司、提供对冲基金产品的全球性金融机构，包括私人银行、资产管理公司和经纪公司；投资者，包括对冲基金、家族理财办公室、公共和私人养老基金、捐赠基金和基金会，高净值人群及分配机构；服务提供商，包括一级经纪人、管理人、托管人、审计师、律师、风险经理、技术人员，以及第三方营销人员。[1]

　　作为各方关注焦点的对冲基金，由于各种原因被妖魔化了，比如说它们过于激进，而且关联性太强。即便是由美国证券交易委员会（SEC）做出的最为温和的监管决定，它们也予以抵制，并最终在华盛顿的一家法院撤销了这一决定。

对于要求某些对冲基金顾问在证券交易委员会登记的规定，美国哥伦比亚特区的上诉法院已经裁定其为无效。对此证券交易委员会决定不予上诉，而是根据法院的判决，推动另一个更激进的规则的制定。对冲基金顾问应该考虑法院判决的实际影响。[2]

美　国

2008年金融危机之后，对冲基金再抵制监管是不可能的。多德—弗兰克法案就银行对对冲基金的直接所有权提出了一些限制。然而，却并没有处理对冲基金融资问题，这些融资通常由银行通过其一级经纪业务进行。

欧　洲

在欧洲，另类投资基金经理（AIFM）指令针对对冲基金和其他另类投资工具提出了限制。

在监管方面达成的具有里程碑意义的协议为一个更加安全和稳定的欧洲金融体系打下了基础。现在我们必须在此基础之上，为金融市场、产品和监管引进更加强大和智能的监管方法。如今另类投资基金经理指令的通过就在这方面迈出了重要的一步。该指令在提高透明度的同时加强投资保护，同时以负责任和非歧视的方式强化内部市场。它还将充分利用新的欧洲监管机构提供的机会加强监管，并加强对该部门的宏观审慎监管（引自欧盟委员巴尼埃）。[3]

该指令也是引起英国不满的主要原因，因为大多数的对冲基金都来自英国。而现在，由于该项指令的出台，这些基金开始向瑞士[4]转移。

其他类型的影子银行

影子银行远不只是对冲基金，新的证券化市场的发展将会是欧洲和英国之间最主要的分歧所在。然而，证券化依旧是金融经济发展的重要组成。

次贷危机的根源之一，便是对 13000 家抵押贷款产品销售商监管的缺失。这些销售商主要通过银行及两家政府机构——房利美[5] 和房地美[6]——进行融资和再融资，这两家机构在金融危机中都被国有化了[7]。

美国整个的按揭贷款市场都掌握在这两家机构手中。银行提供的贷款，即使是由银行直接发放给客户的，也没有出现在银行的资产负债表中，与这些贷款相关的风险也就不会被计算在内。这两家政府机构的资产负债表上的贷款总额竟高达 4 万亿美元。

资本市场和资产证券化

有这样一种观点，即欧洲证券化产品大部分是由恶性的美国次级贷款而非评级较高的按揭贷款构成的，这也是金融危机爆发的根源。全球银行监管机构和欧洲保险监管部门刚刚放松了针对资产抵押债券的资本要求。这在《金融时报》莱克斯专栏 2014 年 1 月 2 日的观点看来，毫无疑问是一种进步。[8]

在这种背景下，资本市场将发挥至关重要的作用。而市场的参与者，无论是投资银行还是全球大型银行的交易行为，都将受益于提供统一规则且具有高透明度的全球监管框架。

证券化被认为是美国金融危机，尤其是次贷危机的始作俑者。它已经成了金融欺诈的同义词。尽管如此，我们不能将其本身和滥用行为混为一谈。

证券化是一个过程，是银行将一系列的资产"包装"（如汽车贷款、信用卡贷款、资产融资）成一个单独的证券，再对其进行评级，并为证券所有者提供收益。经过证券化的贷款再通过私人配售或公开发行被投放到资本市场中，由机构投资者和对冲基金进行认购。迄今为止，对应另一种形式的抵押融资的技术并没有什么可谴责的。

然而，基于资产的证券化（ABSs）并非真实的借款人发行的，更不用说出售这些贷款的银行。它是由特别目的载体通过证券借贷发行的。无论如何都不可能改变这些资产的性质，或是协商改变与这些贷款相关的条款和条件。

恶性的证券化始于几种异常的现象：第一，银行没有行使正常的信贷承销。它们只是对抵押资产贷款，而不考虑客户偿还债务的能力。第二，这种贷款一般伴随着为期两年的"减息期"，即利率开始是很低的，两年一过，利率就不可避免地会上涨。这一点在营销手册中被有意地隐瞒了。第三，对这些证券进行评级的是那些自满的评级机构，为追逐利益，它们将大多数资产都评为最高的 AAA 或是 Aaa 级。

这三大未被采纳的关键预防措施结合起来创造出证券，实际价值并没有向认购者呈现的价值那么多，认购者主要是一些机构及对冲基金。就像是在玩抢椅子游戏一样，音乐一旦停止，这些证券就开始逐个贬值，最终市场也崩溃了。次贷危机是美国金融危机的开始。银行大量购买这些证券的原因是它们比债券有着更好的评级和回报。

证券化过程中出现的一些滥用行为并不会降低这一进程本身的质量。证券化现在又重新开始了，而且将会是银行资金和经济发展融资的必要来源。

随着近来中国经济的发展，对于新兴市场中影子银行的担心不断增加。英格兰银行的马克·卡尼（Mark Carney）认为新兴市场中的影子银行就是全球最大的风险：

英格兰银行行长马克·卡尼警告称，全球金融危机正自西向东席卷全球。新兴市场中存在过多的影子银行对全球经济的发展构成了最严重的威胁。[9]

这使得美国证券化监管的治外法权对亚洲市场影响的分析显得更加重

要了。[10]

　　各国政府纷纷采取新举措，因为他们逐渐意识到离开某些形式的资产证券化，经济的复苏也无从谈起。"国际证监会组织（IOSCO）和巴塞尔委员会已经一致通过成立一个工作小组，来研究证券化市场是如何运作的，以及是否要采取一种全新的思维方式。"国际证监会组织（IOSCO）秘书长大卫·莱特（David Wright）在 2014 年 3 月的一场查塔姆研究所举办的金融会议期间，接受路透社采访时如此回答。[11]

注　释

　　[1] http：//thehfa.org/aboutus.

　　[2] www.dechert.com/files/Publication/bcf4b9dd－5bf3－40b7－81dc－7c66cab77162/Presentation/PublicationAttachment/f465ff8d－09c2－40e1－8049－7f581550a7ca/FS_Issue6_august.pdf.

　　[3] http：//eur－lex.europa.eu/LexUriServ/LexUriServ.do? uri＝OJ：L：2011：174：0001：0073：EN：PDF.

　　[4] 在 2010 年，英国广播公司质问英国对冲基金将来在瑞士是否会起到作用。http：//news.bbc.co.uk/2/hi/.business/8518208.stm.

　　[5] "作为美国二级市场住房抵押贷款的主要来源，联邦国民抵押贷款协会支持如今的经济复苏，并积极为改善住房金融体系奠定基础，向抵押放贷者提供担保和购房贷款，以确保每个家庭可以买房子，再贷款，或租一套好房子"。www.fanniemae.com/portal/about－us/company－overview/about－fm.html.

　　[6] 联邦国民抵押贷款协会于 20 世纪 70 年代由国会特批成立，其目的是稳定美国住房抵押贷款市场，为扩大房屋所有权和可负担的租赁提供更多的可能。我们的法定义务是确保美国房屋交易市场的流动性、稳定性以及经济适用性。我们通过购买抵押贷款和投资抵押贷款相关证券来参与二级市场，通过发行有担保的——主要是那些我们称之为"完全竞争"的

抵押贷款证券——抵押贷款相关证券也是我们参与二级市场的一种方法。次级抵押贷款市场由以整体贷款的形式来参与买卖抵押贷款的机构以及抵押贷款证券组成（即抵押贷款未被证券化）。我们不会直接借钱给房主。www.freddiemac.com/corporate/company_profile/.

　　〔7〕布什政府在星期天控制了美国最大的两家抵押贷款融资公司，以试图大幅减弱它们在华尔街和国会的巨大影响，与此同时却又指望它们能帮助美国走出几十年来最严重的住房危机。www.nytimes.com/2008/09/08/business/08fannie.html？pagewanted=all.

　　〔8〕www.ft.com/intl/cms/s/3/fccde7d6 –6982 –11e3 –89ce –00144feabdc0. html？siteedition=intl#axzz2pFKl2uQc.

　　〔9〕www.telegraph.co.uk/finance/mark –carney/10516661/Bank –of –Eng – lands –Mark –Carney –sees –shadow –banking –in –emerging –markets –as –biggest – global –risk.html.

　　〔10〕www.gfma.org% 2FInitiatives% 2FConsistency –of –Implementation% 2FGFMA –Views –on –the –Impact –of –US –Extraterritorial –Legislation –on –the – Asian –Markets% 2F&ei =dn_FUsvyO8mtsOTC94HgDQ&usg =AFQjCNEN4Ym 9ZiX0XgIq3TVrsRspFk9OO&sig2 =WchZWtx5ZwRs3KE5Wg&bvm =bv.58187178 , d.cWc.

　　〔11〕http：//www.reuters.com/article/2014/03/17/us –markets –securitisation – idUSBREA2G0TT20140317.

第十一章

评级及审计机构

"评级机构的监管环境已经发生了不可逆转的改变，政府已经实施了许多新的监管制度来处理引起危机的那些要素。评级机构必须要适应前所未有的监督管理。"

——标准普尔主席道格·彼得森（Doug Peterson）

将评级机构和外部审计归入一个类别可能会让一部分人惊讶。这不仅仅是因为它们都未能发现金融机构中存在的弱点。相较于其他行业，它们在金融业中扮演的角色无疑更重要。

它们的职能是为金融结构（由评级机构负责）和账户（由审计人员负责）提供保证和质量评估。他们的评判一般兼具两个特点：独立性和客观性。如此，他们通过对银行的评级或对其账户的审核，给投资者、监管机构、客户和储户提供指导。至少我们一直是这么想的，直到出现与事实截然不同的事情。

第一部分：评级机构

影响银行和金融工具评级的因素有很多。从最根本的角度来说，此次金融危机中有三个事实不容忽视：

（1）评级机构间的竞争极其残酷，引起了竞价行为，影响到评级机构工作的质量。

（2）评级机构一方面要对一些机构作出评级，同时又收受这些机构的报酬，这使得二者的关系十分奇怪。

（3）这些评级机构的所有权掌握在私人公司的手里，而私人公司优先考虑的是利润。

最终的"死亡之吻"，是在评级时将抵押证券和基础资产作为同等良性资产看待。因为评级机构接受了相关银行的报酬，它们不再关注这些金融机构的承销质量。它们模式化地在混合证券的基础上给出评级。

最终，大量证券都以发行商认购的模式发行了出去。就像在一次测试或是考试前得知了问题和答案，所有的学生都会做出相同的回答。银行使出浑身解数推进这一系统的运行，而评级机构则对此置若罔闻，无比慷慨地给予这些证券 AAA 级的评级，尽管其基础资产从来未被真正地评估过。

我曾在美国国会的听证会[1] 上目睹过评级机构的高管宣誓做证。第一天，前高管会解释复杂评级的日常情况是什么，以及评级是如何按级别评出的，而第二天，时任高管会一脸悲天悯人的模样，解释发生的这些事情都只是孤立的个别事件，对此我当时就震惊了。

在清算机构对贝尔斯登 2013 年 11 月的诉讼中出现了一些内容不堪的邮件：

在一份长达 141 页的控诉中，清算机构引用了大量的邮件资料——这些邮件中的一部分已经在之前的案件中出现过——按照它们的说法，评级机构事先就知道给予那些抵押贷款债券较高的评级是一种欺骗行为。

"这些评级都是娘们儿设计的，我们可以对此进行评估。"一位标准普尔的员工在 2007 年发给同事的短信中这样说道。

"为了收入，我们将自己的灵魂出卖给了魔鬼。"穆迪的一位员工在一份内部文件中如是说。

在另外一份邮件中，一位标准普尔的员工称公司的评级就是一个骗局。[2]

监管评级机构

美国证券交易委员会在一个特殊的法案框架下对国内的评级机构进行监管。[3] 证券交易委员会最先采取的措施之一，就是收回了评级机构的"无责任特权"。令人难以置信的是，评级机构被认为是媒体的一部分，因而受到新闻自由的保护。他们根本不用承担任何责任，更不用说被起诉了。

多德—弗兰克法案使这个局面有了改观，评级机构开始要对自己的判断负责，当其他方能够证明因相关评级而遭受损失时，评级机构要接受他们的起诉。

根据历史表现，信用评级机构应该让投资者知道信用评级和评级展望违约概率的数据。欧洲证券与市场管理局（ESMA）在发布的一期评论中如是评价。[4]

自那以后，大家都在尝试打破给评级机构提供报酬的局面，再也没有人主动付钱了。我提倡的向评级机构付款的方式应该是这样的，即发行人提供报酬不能为了得到最好的评级以获取既定的利益，而应该作为发行成本的一部分来支付。这将使偿付的费用保持中立，并减少相关利益各方偿付费用的风险。

主权信用评级

现在有 14 个国家或地区仍然享有标准普尔的 AAA 评级标准（见表 11-1）。

成立一个公共的欧洲评级机构来对主权信用进行评级的想法近来在欧洲越发受到欢迎。[5] 对于欧洲主权债券这种长期大幅下调的情况而言，这就是一种下意识的反应。我必须承认，对于一些评级改变的理由，有时候我会感到大惑不解。

如果真的存在一个不适合美国证券交易委员会（SEC）监管的领域，那么非主权信用评级莫属。它们既没有能力也没有足够的专业知识对其他国家进行评级。

表 11-1　来自标准普尔的部分国家或地区的信用评级

国家或地区	评级	前景	日期
英国	AAA	消极	2012 年 4 月 13 日
澳大利亚	AAA	稳定	2012 年 2 月 20 日
加拿大	AAA	稳定	2012 年 2 月 20 日
丹麦	AAA	稳定	2012 年 2 月 20 日
芬兰	AAA	稳定	2012 年 2 月 20 日
德国	AAA	稳定	2013 年 3 月 27 日
中国香港	AAA	稳定	2011 年 11 月 29 日
列支敦士登	AAA	稳定	2011 年 11 月 29 日
卢森堡	AAA	稳定	2013 年 8 月 12 日
荷兰	AAA	消极	2012 年 7 月 24 日
挪威	AAA	稳定	2011 年 11 月 29 日
新加坡	AAA	稳定	2011 年 11 月 29 日
瑞典	AAA	稳定	2012 年 10 月 24 日
瑞士	AAA	稳定	2011 年 11 月 29 日

资料来源：http://en.wikipedia.org/wiki/List_of_countries_by_credit_rating.

　　我所希冀的是一种特殊形式的监管，即由国际货币基金组织（IMF）来担负起这个责任，尽管他们对这个主意可能并不太喜欢。国际货币基金组织（IMF）必定会接受这一角色。毕竟，其本身就是世界经济的非正式评级机构，具备相关批准所需要的经验和专业知识。

　　国际货币基金组织的审计专家将定期对评级机构进行审计，不是针对它们评级的优劣如何，而是审计它们是否执行了自己的评级模式和规则。这有助于在不干涉具体的评级程序前提下，使评级系统更加完整。

　　然而，我们不应忘记，评级虽然给投资者和交易员提供了诸多便利，但还不能代替他们本身要做的工作，也不应该让他们置良好的信用分析原则于不顾。尽管在美国降级过程中出现了不幸的错误[6]，但评级机构在解释其方法、规则和标准方面做了很多努力。

第二部分：外部审计机构

历史上，各个公司都有着某种形式的审计委员会，来报告财务报告的质量。然而，这些都只是内部的，或是准内部的审计，信用度不高。日本现在仍然如此，例如富士通的案例。[7]

外部审计的实践真正发展起来，是在美国和英国。不幸的是，安达信倒闭之后，全球主要的会计事务所只剩下 4 个。规模较小的独立审计公司也难辞其咎，过去 20 年发生的那些最严重的金融诈骗事件，都离不开外部审计机构某种形式的盲目自满或相互串通。

这种情况造成了巨大的利益冲突，由普华永道、德勤、安永和毕马威形成的寡头垄断（笔者接下来要谈一下这种寡头现象）有着巨大的影响。

对外部审计机构的监管

许多年来，这个行业都处在自律监管的模式之下。人们从来没有意识到审计机构应该为自己的观点负责。

有证据显示安然公司和安达信之间的关系非常亲密（安然公司会雇用安达信的审计人员），这就在审计人员和金融高管之间形成了某种形式的串通。这也导致了欺诈账户的产生，安然公司主席兼首席执行官肯尼斯·雷（Kenneth Lay）猝然而亡，而其前任执行官杰弗里·斯基林（Jeffrey Skilling）则锒铛入狱。

这一潜在利益冲突的解决方案之一，是禁止公司雇佣对自身进行审计的审计员。在美国证券交易委员会（SEC）的监督之下，同以前的自律监管系统不同，该行业的监管及规则制定被委任给一个新的机构——公众公司会计监督委员会（PCAOB）。

公众公司会计监督委员会（PCAOB）是一个由国会建立的非营利性组织，旨在监督上市公司的审计情况，通过提供更多信息以及准确而独立的审计报告来保护投资者和公众利益。公众公司会计监督委员会（PCAOB）

还监督审计代理和经销商，包括根据联邦证券法提交合乎规范的报告，以此来促进对投资者的保护。[8]

欧洲的监管是没有的，但国家层面上的监管机构仍然存在。唯一的监管是由财务会计标准委员会在全球层面行使的。

然而，在欧洲开展业务活动的公司数目众多，这证明了监管的必要性。国家监管机构的灵活性不足，除非出现一场事故或是危机，否则这种局面很难改观。这也解释了那些机构推动着欧洲各国政府由之前的无视《巴塞尔协议Ⅲ》（Basel Ⅲ）开始向该协议确定的会计准则的某些方面靠近的状况，在涉及资本充足率时更是如此。它们发觉很难经受得住欧洲的大型公司带来的压力。

会计行业有其自身的完整性问题。金融机构想要恢复自身信誉的希望渺茫，除非外部审计机构可以进行自我改革，确保它们认可的审计账户是值得信任的。

第三部分：责任限制

评级或审计报告的影响是很重要的，但也造成了重要的责任归属问题。虽然我们都希望能够把其中的一些机构告上法庭（尤其是帕玛拉特和奥地利事件中的均富国际会计师事务所），但现实是那些最为重要的数额是如此巨大，任何评级或是审计机构都没有办法通过相当水平的金融手段来应对这种风险的发生。

在大多数情况下，就像我们在安达信事件中看到的那样，唯一的解决方案只能是破产。在这种情况下，个体的合伙人[9]不仅要承担责任，也会遭受毁灭性的打击，他们只好任由公司破产。

欧盟委员会也考虑到采取一些重要的措施来限制审计机构的责任。

欧盟委员会鼓励各成员国，将一种有限责任机制引入其国家债务体系。以建议形式出台的法案只有一个目标，即确立有限责任制度。这一目标可以通过引入高级原则来实现，以确保这一限制对于审计机构、待审计公司和其他利益相关者都是公平的。各成员国可在两种方式之间自由选择：一是现存的责任上限、适当责任原则，或是二者兼而有之；二是采取它们认为合适的方式，包括合同安排的方式。但有限责任之规定不应适用于审计人员故意审计不当的情况。[10]

注　释

［1］《信用机构在国会的自白》。www.nytimes.com/2011/07/27/business/economy/credit-rating-agencies-to-testify-before-congress.html.

［2］http：//dealbook.nytimes.com/2013/11/11/suit-charges-3-credit-rating-agencies-with-fraud-in-bear-stearns-case/.

［3］S.3850（109th）：信用评级机构改革法案。www.govtrack.us/congress/bills/109/s3850/text.

［4］多德—弗兰克法案规定的评级机构应有的作用以及应尽的义务。www.sec.gov/spotlight/dodd-frank/creditratingagencies.shtml.

［5］有时候，欧洲当局会对欧洲评级机构的优劣进行考察。http：//eur-lex.europa.eu/LexUriServ/LexUriServ.do?uri=OJ:L:2013:146:0001:01:EN:HTML.

［6］国际评级机构标准普尔回应了美国财政部的这一认定。www.theguardian.com/business/2013/sep/04/standard-poors-us-retaliation-lawsuit.

［7］这位非日本籍CEO被富士通董事会罢免，因为他公开质疑富士通所公布的账目的完整性。巴克·辛普森（Barclay Simpson）在2010年5月说：富士通的高层是一群失败的投资者。www.barclaysimpson.com/news/fujitsu-s-corporate-governance-is-failing-investors—news-19774697.

［8］http：//pcaobus.org/about/pages/default/aspx.

［9］由达特茅斯塔克商学院出版的《亚瑟·安达信的崩溃》（*Arthur Andersen's collapse*）一书中已经研究过此案例。http：//mba.tuck.dartmouth.edu/pdf/2001-1-0026.pdf.

［10］http：//ec.europa.eu/internal_market/auditing/docs/liability/summary_en.pdf.

第十二章

最后的贷款人与监管者
——中央银行两种角色的利益冲突之惑

"我也知道现在谈论政策的所谓'双重使命'——保持物价稳定和促进充分就业——是一种潮流。且不管这是不是真的潮流，我发现双重使命在操作上存在着疑惑，最后也只能是一纸空谈。"

——美联储前主席保罗·沃尔克（Paul Volcker）

自2008年以来，银行和金融机构之间互不信任一直威胁着金融稳定和经济融资，于是中央银行成了流动性资金的主要来源。除了流动性干预，中央银行同时也有效承担了本该不属于它们的信用风险，并极大地增加了自身资产负债表的规模。

这标志着中央银行系统的深刻变革，对其所扮演角色的本质也产生了影响——我们需要对此进行重新思考，因为中央银行之前的行为一直饱受诟病，被指为银行业牟利过多，而非为整体的经济发展聚力。很明显，除非重新分析自身角色，否则自2007年以来，各主要中央银行资产负债表中增加的9万亿美元的规模将难以为继（见图12-1）。

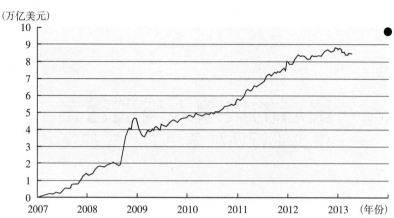

（万亿美元）

图 12-1　厄斯·内布拉（Earth Nebula），自 2007 年 1 月以来中央银行资产负债表的变化

注：包括美联储、欧洲中央银行、苏格兰银行、日本银行，以及中国人民银行购入的国外资产。

资料来源：美联储、日本银行、英格兰银行、欧洲中央银行、中国人民银行，摩根大通银行资产管理预估。http://www.mybudget360.com/wp-content/uploads/2013/05/Earth-Nebula_0.jpg.

金融稳定

中央银行所扮演的关键角色之一，通常是配合财政部，确保金融系统的稳定性。[1] 虽然这是完全合法的，但确实影响到了监管者的职能：毕竟对他们而言，相对于进行监管，一个健康而稳定的金融行业更为重要。

这就导致了人们对中央银行的指责[2]（许多监管机构都难以避免），说它们同各个银行和整个银行业走得太近。在金融危机期间的一些干预措施，虽然有时是为了刺激经济增长和促进就业，但更多的事实是，金融体系从所谓的量化宽松政策中受益颇多。

美联储官员一直担心，因为传输通道中断，他们的极低利率政策所产生的效果可能不及平时。浅而言之，就是这些钱并没有从流动资金充足的银行平稳地流向潜在的借款人手中。[3]

美国：量化宽松政策

量化宽松政策（QE）这一钞票印制的摩登说法，倒成了一个关键的政策工具，使得联邦储备银行不再仅仅是流动性资金的提供者，还成了影响银行系统的异常因素的集合器。

（1）进入联储的门槛不应只限于商业银行，而应激起投资银行创建控股公司的需求。这也是雷曼危机造成的直接教训，当初雷曼兄弟无法获得急需的流动性资金，而美国政府又拒绝对其进行救助。

（2）针对次贷资产、美国国债和抵押贷款，美联储分别通过三波量化宽松的政策提供流动性资金。

将近一年半的时间里，全球金融体系一直在承受着巨大的压力——现在这种压力已经遍及全球经济。

最可能引起危机的原因是美国房地产产业情况的急转直下及相关次级抵押贷款违约率的上升，这给许多金融机构都带来了严重的损失，并动摇了信贷市场投资者的信心。然而，尽管次贷崩溃引发了此次危机，但美国抵押贷款市场只是一个更大、牵涉面更广的信贷热潮的一部分，其影响超越了自身而影响到了许多其他形式的信贷。这一广泛的信贷热潮包括普遍下降的承保标准，投资者及评级机构对贷款监管不足，对复杂和不透明的信用工具依赖性增加（后来被证明在压力下极其脆弱）及罕见的极低的风险赔偿。[4] 现在这一点越来越清楚，即量化宽松政策除了会花掉纳税人的钱——纳税人自己可能都没有意识到——以外，是没有任何必要的。在最近《华尔街日报》刊登的《一位量化宽松政策支持者的忏悔》一文中，美联储前高管安德鲁·胡萨尔（Andrew Huszar）就表示美联储制定的量化宽松政策计划的受益者不是经济本身，而是华尔街。

即便是根据美联储最乐观的估计，过去五年来量化宽松政策对美国经济增长的推动作用也是微乎其微的。美联储以外的专家，如太平洋投资管理公司的穆罕默德·埃里安（Mohammed El Erian）就曾通过对比暗示，美联储投入的金额超过 4 万亿美元，但获得的回报却仅仅是 GDP 0.25 个百分点的增长（也就是说，美国的经济总量仅仅增加了 400 亿美元）。这两种估计都表明，量化宽松政策并没有收到效果。

除非你就在华尔街，暗地里获得了美联储数千亿美元的补贴，2009 年 3 月至今，美国的那些银行股票价格集体翻了 3 倍。其中最大的那些机构可以说实现了卡特尔式的垄断：其中 0.2% 的机构控制着美国银行 70% 以上的资产。

至于美国其他的金融机构，只能说祝它们好运。因为量化宽松政策在过去的五年一直不懈地向金融市场注入资金，这让美国政府无法及时应对一场真正的危机——结构性不健全的美国经济。是的，金融市场已经恢复常态，也使迫切需要活力的养老金计划恢复了生气，但这还需要多久？一些专家，像贝莱德投资公司的拉里·芬克（Larry Fink）就指出，现在的经济泡沫状况又开始出现。但与此同时，在推动经济增长方面，美国政府对华尔街依然存在过度依赖的问题。[5]

这样的评价更引发了关于美联储独立性问题的探讨，但更为重要的是，这让人们看到了中央银行两种角色之间内在的利益冲突：它们一方面是货币政策的捍卫者和经济发展的支柱，另一方面又是银行系统的保护（我差点儿说成了哄骗）者。

令人担忧的是，新当选的美联储主席珍妮特·耶伦（Janet Yellen）正是量化宽松政策的拥趸，这一政策今后也可能会常态化。她的提名听证会引起了美国国会议员的反对。

在持续了两个多小时的听证会中，耶伦女士经受了来自共和党议员关于美联储宽松货币政策的实效性、风险性和看似无止境性的质疑。其中一位将其描述为"吗啡点滴"，另外一位则形容为"糖果天空"，还有一位认为其有过分鼓吹之嫌。[6]

这就说明了为什么拉里·萨默斯（Larry Summers）的下台对于华尔街来说是一个好消息，因为后者现在仍在坐享其成，从量化宽松政策计划中受益。

劳伦斯·萨默斯（Lawrence Summers）在 4 月的一次会议上对量化宽松政策的有效性不屑置评，若他成了美联储的掌门人，美国的货币政策很可能发生转变。

据英国《金融时报》披露的一份官方总结摘要，在圣塔莫尼卡德罗布尼公司组织的一次会议上，萨默斯先生曾说过："在我看来，量化宽松政策并不像大多数人想象的那样，它对实体经济的发展并不那么有效。"[7]

尽管担忧重重，美联储在三月宣布对其量化宽松政策的实施做了核减，但每月仍达到了 550 亿美元。

欧洲中央银行：长期再融资操作（LTROS）

欧洲央行正在考虑如何处理 2014 年底和 2015 年初银行应该赔偿的 8000 亿美元。

欧洲央行的长期再融资操作是一个过程，通过该过程欧洲央行向欧元区银行提供融资。长期再融资操作的目的，是为持有非流动性资产的银行保持流动性提供缓冲，并借此防止银行间的拆借及贷款发放失灵现象，就像他们在 2008 年信贷紧缩时做的那样。[8]

作为确保金融体系稳定的流动性资金注入，欧洲央行的量化宽松政策其实是一种变相的信贷支持。南欧的银行得到了青睐，是主要的受益者。这种长期再融资操作的分配 [9]，收益最大的是那些遇到财务状况的银行，帮它们偿还昂贵的债务，同时又不会扩大其借贷业务。

2011 年 12 月 21 日，欧洲央行首次就三年期（36 个月）再融资进行了第一轮招标，有 523 家银行参与，宣布的总贷款额度达到 4892 亿欧元（6400 亿美元）。2012 年 2 月 29 日，欧洲央行又进行了第二轮三年期长期再融资操作招标。此次参与的欧元区银行达到了 800 家，金额达到 5295 亿欧元，净新增贷款 3130 亿欧元左右。2560 亿欧元总数中的现有欧洲央行贷款 2150 亿欧元也算在了第二轮长期再融资操作中。[10]

长期再融资操作是由欧洲央行以三年期贷款的方式提供的，其利率享受补贴，低至1%且不限额度。它由两部分组成，总额达到了1万亿美元。其目标是保证银行体系资金的流动性，有着以下不寻常的本质：

（1）欧洲央行并没有设置银行借款的限额；

（2）借款的利率低于市场利率；

（3）保险费（基于与银行所在国相关的风险）的缺乏，使其成为最脆弱经济体中银行的补贴形式；

（4）期限长达三年，欧洲央行并没有与之相匹配的资金；

（5）两次一次性的集中招标操作（每次为期三个月）要求银行筹集数千亿欧元的资金，这会打乱市场正常的运作。

（6）为了实现这一数额巨大的交易，欧洲央行承认了可接受抵押品在弱化，这让人们对其作为债权人的金融地位感觉不那么踏实。

当进行长期再融资操作时，虽然存在需要欧洲央行遏制的流动性资金危机，但围绕其结构却存在一个谜团。给银行业提供为期三年的贷款向来都不能够解决流动性危机，但这对于欧洲央行调节短期流动性紧张来说已经足够了。

通过长期再融资操作的手段来解决流动性危机，欧洲央行介入了一个完全不同的领域：它逐渐成为一个信贷提供者，它既不区分借款人的质量，也不对抵押资产进行甄别。

这样一来，欧洲央行也改变了自身的角色：大多数的长期再融资都被处在困境中的三个国家——西班牙、意大利和葡萄牙——的银行认购了。欧洲央行所做的是缓解欧洲金融稳定基金（FSF）的不足。其角色不像是一家中央银行，倒像是一个本不存在的欧洲财政部。

令我困惑的是，如果不是明显误导的话，这些辩解充其量也就是让人将信将疑。现在，正如预期的那样，银行正试图游说欧洲央行，以确定何时来偿还这些必不可少的贷款。如此一来，新一轮的长期再融资操作是在所难免的了。[11]

英　国

英国的情况是大大不同的。为了避免英国银行体系崩溃，英国财政部不得不将三家银行国有化：北部银行、劳埃德银行和苏格兰皇家银行。这样做可以有效避免英格兰银行在应对风险时，采取各种量化宽松的措施。

英国采用了同样的做法，但从 2010 年初决定不再使用此方法增加相关资源。

2009 年 3 月，货币政策委员会（MPC）宣布将降低银行利率至 0.5%。该委员会还判断银行利率不能再低于这一水平，同时为了给经济发展提供进一步的货币刺激，决定进行一系列的资产收购计划。[12]

日本与安倍经济学

日本央行行长黑田东彦表示：

日本央行已经采取了一系列的货币宽松政策，包括零利率政策、量化宽松政策及全面的货币宽松政策。我强烈地感觉到，我们应该尽全力利用所有银行可以利用的资源，而不是采用增量方法，或者换句话说，就是采用渐进主义。[13]

日本央行大量购买日本政府债券以应对日元升值，恢复日本经济。这是一场日本央行同保守的日本政府之间的拔河比赛。

这种政治决策的核心是投资者对日元资产的热捧，而且此时美元和欧元因为银行业危机和量化宽松政策而受到了削弱，其中欧元被削弱的原因还包括欧债危机和长期再融资操作。

日本作为一个以出口型经济为主的国家，刚经历了大海啸和福岛核危机，日元升值使得其出口竞争力下降，日本政府对此绝不能再优哉悠哉，听之任之了。

中央银行的资产负债表可以一直扩张下去吗？
它们是不是已经转化成了对冲基金

中央银行的资产负债表并不包含在公共债务内，这一问题并未得到深究，但应引起注意（见图 12-2）。这是美联储主席在国会证词上说的一番话。[14]

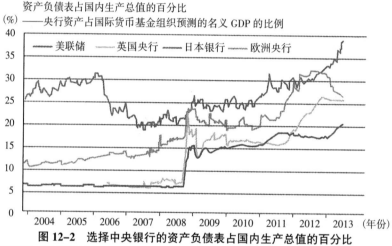

资产负债表占国内生产总值的百分比
(%) ——央行资产占国际货币基金组织预测的名义 GDP 的比例

图 12-2　选择中央银行的资产负债表占国内生产总值的百分比

资料来源：汤森路透 Datastream，www.economicsinpictures.com。

图 12-2 通过给出中央银行资产负债表占国内生产总值（GDP）的比例显示了其重要性。当其与公共债务计算到一块儿的时候（政府通常拒绝这么做），显示出了发达经济体对公共融资非同寻常的依赖性。

我不相信一个中央银行的资产负债表可以无限制地扩大。我也不是唯一一个认为应该慎重对待资产负债表的，国际清算银行也认为这很重要。[15]至于原因，主要是基于以下几个方面的考虑：

（1）中央银行资产负债表中的权益通常是最少的，也从来未被认为是其信誉的基础。这种情况下，如果央行需要权益，政府会介入。若不是，意味着纳税人的钱会有风险，中央银行的资产负债表会被计入公共债务中，这本没什么错。

（2）中央银行的资金来源主要有两个渠道：流通中的银行票据（难以从本质上进行扩大）以及其他国家中央银行和商业银行的存款。扩大的中央银行资产负债表很显然对金融部门及实体经济都产生了影响。这确实造成了风险，而我们应对此密切关注。在历史上也确实有过先例，为了配合政府毫无节制的开支，央行大肆扩大资产负债表。这通常带来通货膨胀的恶果，而在其他情况下，当情况好转时，中央银行在扭转扩张性政策时行动又会过于迟缓。[16]

（3）在国家的信心遇到危机时，人们对央行的信心也会受到影响，央行和各商业银行的存款也可能随之迅速减少。

（4）央行最后的办法就是提高存款要求。然而，在大多数情况下，这极可能引起银行危机，当央行也无法再充当最后的贷款人角色时，这种银行危机就不是人力所能控制的了。

央行的这种创新做法是合理的还是合法的

中央银行角色的转变是由政治难题带来的，后者要求在短时间内采取足够的措施来预防系统性的后果。很显然这是合理的，当经济的巨轮正在下沉时，人们也不会对此有过多苛责。但这并不意味着央行承担的风险与它们之前所秉持的原则及它们所处的地位是一致的。很明显它们的角色发生了改变，它们要处理的风险也增多了。

在没有陷入法律辩论的深潭中之前，我要说央行之前深信自身对就业和经济增长有着至关重要的影响。央行官员的狂妄自大使得他们深信，当利率低于1%时，流动性资金的注入会对公司投资和发展的决策产生那么一丝影响。

太平洋投资管理公司的前任首席执行官穆罕默德·埃里安（Mohamed El-Erian）——同时也是最大的固定收益资产公司的管理者——在圣路易斯联邦储蓄银行的一份研究报告中就向其他机构倡议，无论是公共部门还是私营部门，都应当尽快地重视起与央行政策有关的工作。[17]

注　释

［1］加里·J. 希纳西（Garry J. Schinasi）：《中央银行要肩负起维护金融市场稳定的责任》，国际货币基金组织的工作报告，2003 年 6 月。厄兰德·沃尔特·尼尔（Erlend Walter Nier）在 2009 年 4 月发表的另一篇文章中再一次强调了此观点。www.imf.org/external/pubs/ft/wp/2009/wp0970.pdf.

［2］艾伦·S.布林德（Alan S. Blinder）：《中央银行的独立性及其在一场金融危机期间、结束后的信誉》，霍尔经济研讨会，2012 年 9 月 1 日。www.kansascityfed.org/publicat/sympos /2012/ab.pdf.

［3］佩德罗·达科斯塔（Pedro da Costa）：《银行保留了绝大部分的第三轮量化宽松的收益为己所用》，2012 年 10 月 17 日。http：//blogs.reuters. com/macroscope/2012/10/17/banks –keeping –most –of –qe3 –benefits –for –them – selves/.

［4］www.federalreserve.gov/newsevents/speech/bernanke20090113a.htm.

［5］www.online.wsj.com/news/articles/SB100014240527023037638045791 83 680751473884.

［6］［7］www.ft.com/intl/cms/s/0/3e1be888 –4d44 –11e3 –9f40 –00144feab- dc0.html#axzz2kqXzi5vD.

［8］http：//lexicon.ft.com/Term?term=long_term –refinancing –operation – _ – LTRO.

［9］欧元系统的公开市场操作包括：一周欧元流动型便利操作（主要指再融资操作，即 MROS），三个月欧元流动性便利操作（长期再融资操作，即 LTROS），MROS 的目的是调控短期利率水平、管理流动性现状，并在欧元区传达货币政策立场，而 LTROS 的目的是为金融部门提供额外的长期融资。www.ecb.europa.eu/mopo/implement/omo/html/index.en.html.

［10］www.ecb.europa.eu/mopo/implement/omo/html/index.en.html.

[11] 欧洲中央银行的德拉吉·勒恩斯（Draghi Learns）:《廉价借贷是一个难以破除的陋习》,《华尔街日报》, 2013 年 10 月 16 日。

[12] www.bankofengland.co.uk/education/Documens/targettwopointzero/t2p0_qe_supplement.pdf.

[13] 日本央行行长黑田东彦（Haruiko Kuroda）在 2013 年在东京举办的读卖新闻国际经济学会上发表的演讲:《定量和定性的货币宽松政策》。www.boj.or.jp/en/announcements/press/koen_2013/data/ko130412a1.pdf.

[14] 自美联储 2012 年 9 月首次宣布其债券购买计划以来, 资产已超过 8000 亿美元, 涨幅约 30%, 超过了 3.6 万亿美元。自 2013 年年初, 中央银行已经每月增加了 850 亿美元的国债和债券支持抵押证券。www.reuters.com/article/2013/03/21/us-usa-fed-discount-idUSBRE92K17720130321.

[15] [16] 杰米·卡鲁纳（Jaime Caruana）:《为什么会有中央银行的资产负债表情况》（*Why Central Bank Balance Sheets Matter*）, 国际清算银行文件, 第 66 号。www.bis.org/publ/bppdf/bispap66b.pdf.

[17] 穆罕默德·埃里安（Mohamed El-Erian）:《圣路易斯联邦储备银行评论》（*Federal Reserve of Saint Louis Review*）, 2012 年 7-8 月。http://research.stlouisfed.org/publications/review/2017/243-264ELErian.pdf.

第十三章

对金融机构的管理（或疏于管理）

显而易见，公司首席执行官是可以选择通过以身作则和正确监督的方式，来促使公司同事以及外部审计人员按照道德准则来行事的。

——美联储前主席艾伦·格林斯潘（Alan Greenspan）

如果对银行的管理是无懈可击的，且监管部门也能做到无可挑剔，那么金融危机就不会发生。治理机制的缺失必须得到弥补，虽然改善治理监管的措施很少，但一些举措正在改变银行的运作方式。

在金融机构的监管方面，金融稳定委员会（FSB）是最直接的全球监管机构。它已经发布了若干项有关监管的指令。经济合作与发展组织（OECD）从金融危机中吸取了对公司管理的教训，并在银行监管的各个方面做了深入思考：

许多监管方面的缺陷是显而易见的。在许多情况下，风险管理系统失灵，原因在于公司管理程序而不只是计算机模型的缺陷：有关风险暴露的信息根本就不会传到董事会，甚至连高级管理层都到不了，而风险管理通常是一种活动，而非公司群策群力来进行。这都是董事会的责任。在另外一些案例中，董事会已经批准了相关战略部署，但却没有采取对应的措施来监管其实施。公司对相关信息、可预见的风险和风险监控、管理系统这些信息的披露也同样存在诸多不足之处，尽管这本应该是原则中最为关键的因素。会计准则和监管要求也证明在一些领域存在不足，促使相关标准的制定者进行审查。最后同样值得注意的是，在许多情况下，薪酬体系已经与公司的战略和风险偏好以及它的长期利益严重脱节了。

本章认为，金融危机在很大程度上可以归因于公司管理方面的失败和不足。当考验到来的时候，许多金融服务公司的内部管理并没有发挥出应有的作用以阻止过度的风险渗入。[1]

风险管理

对风险管理提出质疑的核心问题在于，尽管对于这一问题业内已经基本明了，但是，银行知道自身存在的风险吗？它们故意忽略了这些问题吗？还是它们只是过于乐观？

向监管部门报告风险已得到一些改进，但却使报告变得更加烦琐。国际金融协会（IIF）发表了一份该行业加强风险管理治理的全面研究报告。[2]

金融就是风险和信任。如果没有风险，金融毫无意义，如果风险过大，金融又会失去人们的信任。有人会认为，金融机构最重要的功能是作为一个基本的社会分支，那些负责风险管理的往往是高级管理者。

自金融危机以来，首席风险官的职能得到了升级，国际金融协会（IIF）在 2012 年 10 月报告中对此作了描述：

首席风险官及其风险管理功能的发挥不能仅被视作像筒仓那样，只处理风险相关事宜而不管其他业务如何。首席风险官应该与高层管理团队的其他成员，包括首席执行官（CEO）、首席财务官（CFO）和首席信息官（CIO），形成密切的工作关系，因为这种协作关系可以确保在决策过程的早期就将风险因素考虑在内。[3]

如果说金融危机给金融稳定带来了好处，那就是金融危机使风险文化受到重视。关于这个问题，国际金融协会（IIF）再一次对风险文化做出了权威的定义：

一个组织的风险文化决定了其对风险的定义、理解、讨论及采取的应对措施。一种强大的风险文化是有效的风险管理的基础，而且一般与董事会成员和高级管理人员所采取的清晰而一致的应对措施息息相关。尤其是建立起正确的风险文化对于在组织内有效控制风险起着基础性的作用。最重要的是实际行动——你做了什么，而不是你说了什么。[4]

风险包括两个方面：所有权和控制权。毋庸置疑，风险的当事人既是业务员也是管理层。事实上，企业有强大的风险管理能力并不代表着企业自身可以免责。

次贷危机的重要原因之一是业务人员将风险证券化之后就对其置之不理，而这些风险通过业务人员债务证券包销性质的惯常做法又变得与其利益息息相关。这也解释了银行为什么会为它们的营销行为付出如此巨额罚款的原因：摩根大通为此支付了 70 亿美元，而美国银行也被罚了 60 亿美元。

功能失调的董事会

公司系统的最大弱点是董事会。任何一家受到次级抵押贷款危机、按揭贷款危机或主权债务危机冲击的银行董事会的董事都应该好好反省一下自己的表现。然而，他们中的大多数仍在那里无动于衷，既没有尽到对社会的相应责任，也未能捍卫股东的权利，尽管领着丰厚的工资，却尽是些尸位素餐之徒，可谓是恬不知耻。

"对于有些事情我们实际上是有罪的，我们必须解决这些问题。"当摩根大通董事、董事会审计委员会主席拉班·杰克逊（Laban Jackson）最近在芝加哥国际机构投资者会议上承认这样一个令人惊诧的事实时，引起了极大的轰动。

董事们通常都是一群非常有权力的人，董事会的构成也存在严重的问题。在最近涉及摩根大通的一个案例中，审计委员会主席最终不得不下台。在提高董事会的人员素质和业务能力方面，似乎还没有任何行动。虽然在有些情况下，已经采取了个别措施，但在金融机构的董事会方面，依然没有相应的认知、责任、制裁或是改进方面的规定。

欧洲资本要求指令（CRD）IV提供了新标准，尤其在可用性（不可能累积的某些功能）方面。[5]

以下措施来自澳大利亚公司董事协会：

董事会应该做什么呢？根据道蒂（Doughty）的观点，只有认可以下大部分观点，才有可能成为一个做事更为有效的董事：

（1）董事会的成员应该清楚明白人们对自己的期望；

（2）董事会会议议程应该具有周密的计划，以便董事会能够逐一处理必要的事项；

（3）出席会议的董事都应当是有备而来的；

（4）董事会召开前，董事们就已经收到会议的书面报告；

（5）对于重要的会议，所有的董事都应当参加讨论；

（6）鼓励不同的观点，并对其进行讨论；

（7）对于达成的决策，所有董事都应支持；

（8）董事会应制订董事们长期发展的计划；

（9）董事会会议应当是吸引人的、有乐趣的。[6]

主席和首席执行官应当是同一个人吗

对于首席执行官和主席的辩论仍然是众说纷纭，莫衷一是。德国已经对此进行了立法，而法国和美国还在为这种管理结构头疼不已。最近的案例则是摩根大通一大部分股东对连任的现任董事长兼首席执行官的反应。[7]

在正常情况下，相关体制可能会奏效，但也会有人认为决定可能不应当仅由年度股东大会来做，监管者的职责之一就是确保在困境之中必须将保护股东的职能和自身利益的管理区分开来。

建议董事会将董事长和首席执行官的角色分离开来的呼声越来越大。从富国到新闻集团，这些大公司都收到了股东的提案，要求他们更换首席执行官，而不再由董事会主席兼任。

　　支持将二者分开的人认为，一个独立的领导者可以在监督首席执行官的行动和表现方面更有效地给董事会提供帮助。反对二者合一的人包括机构投资者和政策制定者以及公司治理专家和咨询公司。然而许多高管不同意这样做，理由是这样的结构会带来不必要的混乱，还会妨碍领导层的统一。[8]

　　无论与这种趋势相关的官方说辞或法律论证是什么，我们都不应当容忍董事会里那些自负的家伙。

薪酬和风险

　　全球的监管机构处理津贴问题的方式各不相同。二十国集团（G20）建议的方式似乎并未得到一致的认同。

　　（1）美国[9]和瑞士[10]意识到了董事们无法控制一切，选择将"薪酬话语权"交给股东。

　　（2）欧盟决定银行家的奖金不得超过其薪酬的100%，但没有考虑全球薪资的问题。[11]

　　（3）利用税收来调节奖金和工资的不均衡状况，这是英国[12]所采取的一项最严厉的措施。

个人或机构的责任

　　问责制亦是纷繁多样，有的国家会使用监禁的制裁方式，有的对于谈判失败者则干脆置之不理。

　　最根本的问题是，金融世界已经通过让机构为其承担责任来解决其犯下的错误、做出的不当行为、工作方面的失败和职业道德的堕落等一系列问题。但历史告诉我们，人们对此并不买账。

　　我们需要采取以下的组合措施来确保这些既不属于犯罪也不属于欺诈的违规行为得到制裁：

（1）个人罚款；

（2）禁止其再从事金融行业；

（3）没收之前的奖金。

如果那些享有丰厚报酬的人不对自己的行为负责，那么试图改变金融业极端利己主义者心态的努力就是徒劳之举。以前首席财务官（CFOs）和经理总能免于受罚，这是个人责任制缺乏的表现，而现在开始出现解聘交易员的趋势，这是确保个人行为方式转变的最好方法。

这一情况可能即将得到改善，英国政府现在就在实行一种新方法，旨在促进个人去承担自己的责任。

英国监管机构和政界人士希望银行家对自身及其团队犯下的错误负起更多的责任。尽管监管者只是在试图完善现有的制裁制度，而政客们却在寻求一个更激进的改革方案。[13]

这是英国政府和议会自上而下的改革。

在英国，银行标准委员会提出了一系列大刀阔斧的改革方案，旨在确立更牢固的高层管理责任制。这其中就包含了在应用中并不完整和清晰的声明替代原则及相关守则，以及监管者们将要起草的一套银行标准准则。这些规则将适用于高级人员和持有银行从业执照的员工，而且违规行为必将受到执法人员的制裁。[14]

注　释

［1］www.oecd.org/daf/ca/corporategovernanceprinciples/42229620.pdf.

［2］国际金融学会关于增强风险管理的报告。http：//www.iif.com/press/press+364.php.

［3］同［2］，第 3 页。

［4］同［2］，第 7 页。

［5］卡佳（Katja Langenbucher）：《资本要求指令和银行管理———一门新的学科正在形成》，《贸易与经济法杂志》（Zeitschrift fur das Gesamte Handels－und Wirtschaftsrecht），2012 年 6 月。可在 SSRN 数据库中查找到：http：//papers.ssrn.com/sol3/papers.cfm？abstract_id=2176633&download=yes.

［6］www.companydirectors.com.au/Director－Resource－Centre/Publications/The－Boardroom－Report/Back－Volumes/Volume－11－2013/Volume－11－Issue－11/Is－your－board－dysfunctional.

［7］在哈佛商学院的博客上，罗杰·洛温斯坦（Roger Lowenstein）描述了这场斗争，他写道："杰米·戴蒙（Jamie Dimon）不应成为其斗争的一员。" http：//blogs.hbr.org/2013/05/the－battle－jamie－dimon－shouldn/.

［8］马修（Matthew Semandeni）、赖安·克劳斯（Ryan Krause）：《首席执行官和主席的角色正走向分化：一个复杂的过程》，彭博商业周刊，2012 年 11 月 1 日。www.businessweek.com/articles/2012－11－01/splitting－the－ceo－and－chairman－roles－it－s－complicated.

［9］马泰奥·托内洛（Matteo Tonello）于 2013 年 9 月在哈佛法学院的博客上提出了这样的疑问：股东们什么时候会关心首席执行官的薪酬？http：//blogs.law.harvard.edu/corpgov/tag/say－on－pay/.

［10］公司顾问协会阐述了新的瑞士倡议。www.lexology.com/library/detail.aspx？g=37783d26－2fef－4cfa－99a4－e33ba0ddc333.

［11］《金融时报》文章描述了关于红利的欧盟法规。www.ft.com/intl/cms/s/0/ca5becf0－91ae－11e2－b4c9－00144feabdc0.html.

［12］www.lexology.com/library/detail.aspx？g=a4a54de7－ff1a－4a2c－a－03－62ae937d0d8c.

［13］卢卡斯·贝克尔（LucasBecker）：《银行对个人的监管将作为英国问责的重点》，《风险》，2013 年 6 月 27 日。www.risk.net/risk－magazine/feature/2276767/bank－supervision－gets－personal－as－uk－focuses－on－accountability.

［14］亨利·恩格勒（Henri Engler）：《改造银行风险文化需要打破"管理责任的防火墙"》。http：//blogs.reuters.com/financial－regulatory－forum/2013/09/11/reforming－bankings－risk－culture－requires－breaking－accountability－firewall/.

第十四章

这是一场全球性金融危机吗

——从亚洲角度谈起

在这场全球金融危机中，我们看到了亚洲国家的兴起，其经济根基不但未被动摇，反而更加强劲。

——国际货币基金组织总裁克里斯蒂娜·拉加德（Christine Lagarde）

雷曼兄弟危机事发后，我所遇到的高管和政府官员的态度再次表明，西方国家认为它们才是世界的中心。

它们更愿意将金融危机称为"大西洋危机"。这种说法其实并没有错。也正是由于它们所说的"西方的贪婪"才导致了当下的局面，而大部分亚洲金融机构基本上幸免于这一金融海啸。

因此，大多数亚洲领导人都对金融改革和全球金融监管的呼声持观望态度，而并非亲自领导这一改革或者参与其中。对于涵盖全球60%人口的金融机构而言，清楚这一点意味着什么，是至关重要的。

就《巴塞尔协议Ⅲ》而言，亚洲监管机构参与其中主要是试图了解金融监管对于亚洲金融机构来说究竟意味着什么，而并非从全球视角去看待这个问题。考虑到亚洲金融机构的结构，他们并不愿在亚洲银行和保险公司之间达成一致。因此，我们将会着重关注三大金融中心，即日本、中国和印度，对未能重点关注的其他亚洲国家表示抱歉。

日　本

日本是亚洲唯一一个世界金融强国。尽管说法不一，但我们不应忽略，日元是全世界交易和投资第三活跃的货币，日本国债市场也是全球五大市场之一，上市公司总值仅次于美国。

全球化的日本金融机构

日本东京银行丧失了在国际交易领域的垄断地位后，日本银行开始国际化运营，特别是在固定收益和股权方面迅速确定了其在全球举足轻重的地位。

在此次次贷危机和雷曼兄弟危机中最令人诧异的一点是，日本银行均未参与其中，也未受到由此带来的巨额罚款的影响。对此现象有若干解释，其中最可信的一条是日本银行自身刚从危机中摆脱出来，危机使它们变得更加保守，从而在国际活动方面也变得小心翼翼。这也解释了日本为何迟迟不肯建立一套新的监管框架。

重组日本金融体系

在 2013 年 12 月 13 日东京召开的一次旨在激发金融和资本市场会员活力的小组座谈会上，参会者包括来自日本金融厅、日本银行的一些代表，得出了几项值得关注的结论：

泡沫经济破灭后，日本金融体系在克服了金融危机以及不良贷款问题后恢复正轨，自此以后，尽管在全球金融危机期间，也一直运行良好。日本金融体系如今必须确保其能够积极推动经济恢复到之前的平衡点，并且在这种平衡状态下维持社会的活力。换言之，作为安倍"第三支箭"的一部分，这是一项具有战略意义的结构改革政策，旨在强调必须在金融和资本市场提升潜力。如此才能将上述的恶性循环转变成良性循环，从而大大提升经济发展速度。

尤其是家庭金融资产总计约有 1600 万亿日元（约 16 万亿美元），预计将会把公共养老基金用作风险资本以及为日益兴起的企业提供资金，同时在通货膨胀的环境下，使这些资产实际价值的贬值有所缓解。日本政府应当采取一系列措施来促进金融资产的转变。[1]

因此，日本更加关注巨额公共储蓄的利用，来支持经济复苏。向金融资产转变是当下的一个热词，是指将存款的利用转变成证券和其他金融资产。

日本银行体系健康吗

尽管日本银行拥有健全的资产，但是它们大多都持有日本政府债券。日本银行的实力，通过维护现行体制，即国内金融机构来资助政府，可以得到肯定。仅有 4% 的日本国债掌握在其他国家手中，对比而言，欧洲债务至少有 1/3 掌握在他国手中。

正是这种错综复杂的关系对日本金融体系构成了最严峻的威胁，日本债务总计高达 13 万亿美元，约是国内生产总值的 2.45 倍，日本是发达国家中举债最多的国家。因此为了表示对日本政府的大力支持，评级机构将继续对日本金融机构保持信心。

尽管人们认为日本银行在国内的活动相对保守，但是现如今人们却鼓励日本银行支持安倍政府的经济政策。日本银行在标准普尔"银行业国家风险评级方法"下的评级为 2 级，法国、德国、澳大利亚、加拿大和中国香港也是被授予此级别，等同于 AA 级别。

评级主要是基于以下若干因素：

（1）有助于促进贸易顺差的，具有工业出口竞争力的、多元的、发达的经济。

（2）私营部门债务增长适度，企业和个人的金融记录良好。

（3）主要的小额存款满足了全系统范围的大额资金的需求。

日本对于道德危机有着截然不同的解决方法

SFA外汇交易平台还未启动日本银行自救机制的原因之一是它还未感到任何实质性的压力，无论是来自政府的还是来自公众舆论的。

尽管日本政府"债台高筑"，但是日本公众愿意看到其在必要情况下实施政府紧急救援，帮助银行摆脱困境。欧洲和美国看似更加重视限制使用纳税人的钱，而日本与它们的途径截然相反。

日本一方面严控欺诈等不端行为；另一方面，其最近又颁布一条新的限制性规定，来抵制卖空行为以及打击内幕交易。这不同于"大西洋"政府所走的道路。

中　　国

中国应该正确地看待银行体系的合理监管问题。中国的大型银行都是国有控股银行。此外，这些银行都已上市，且位居世界大型银行之列。因此，确保中国金融持续稳定、不对世界金融稳定造成威胁，意义重大。

然而，正如《经济学人》2013年8月29日撰稿所说，关于当前乐观形势，我们需要深入分析：

初看之下，中国似乎拥有一流的银行体系。中国的国有控股银行在规模和盈利方面，都位居世界前列，不良贷款水平较低，可忽略不计，且资本状况良好。如此看来，这个国家的管理方法应该得到称赞。

其实不然。一方面，尽管中国的银行体系很稳定，但中国银行并非像看起来那样运行良好。近几年，信用狂热现象导致银行贷款风险水平骤增，远远高于它们自身所认可的水平。况且，利润缩减时期即将到来。存款大客户正对一些可替代投资产品蠢蠢欲动，而贷款大客户正在转向债券市场。因此银行必须加倍努力，来留住这些大客户。由此看来，中国的四大银行，即中国工商银行、中国银行、中国农业银行和中国建设银行，将不能再仅靠给国有企业发放软贷款来轻而易举地赚钱。[2]

这一问题从未受到认真对待。历史上，中国曾经通过给国有银行注资 800 亿美元，采用好银行和坏银行的处置体系来支持银行业的发展；创建了资产管理公司，将其与银行区分开来，委托给专业资产经理人管理，其主要职责是管理不良贷款组合。这主要源于银行不顾贷款信用而自动给国有企业提供资金这一事实。

然而，尽管官方否认，但是影子银行确实已成为中国金融体系的重要组成部分。正是影子银行威胁着中国，并且对全球金融稳定性带来潜在的风险。值得庆幸的是，中国出售了大量用于强化其金融体系的外汇储备。

在 2013 年 12 月底，主要由影子贷款方鼓动的新一轮清偿危机谣言迫使中国政府一年中第二次进行干预。三天内，中国中央银行，即中国人民银行，注资 3000 亿元（约 500 亿美元）。影子银行贷款方没有任何流动资金等偿债资源。此外，中国人民银行声称银行体系中有 1.5 万亿元（约 2 万亿美元）的准备金。因此，他们对于借款方需要更多现款的问题感到棘手。

中国经济在 2014 年"紧急着陆"的风险还未排除。然而，中国作为世界上第二大经济体，管理非常完善，在新一届中央政府的管理下，对外开放程度逐渐扩大，这将会成为一颗定心丸。

也正因如此，中国人民银行于 2014 年 1 月敦促放款方增强其清偿管理能力。[3]

印　度

印度的金融体系就像一台摇摇欲坠的机器，被一些身上溅满油渍的工程师乐此不疲地翻修着，而又被依赖于它的大多数人不堪痛苦地忍受着。印度前总理英迪拉·甘地（Indira Gandhi）在 1969 年将大多数银行国有化之后，印度步入了金融社会主义，中央银行为满足政客的需求不断印发卢比。当印度 1991 年实行经济改革开放时，一系列的改革应运而生。而今天的金融体系就是一团乱麻。市场在其中起着一定的负面作用，但是政府应对此负主要责任。[4]

印度政府经常干预，却不能提供充足的权益，政府持有银行体系 60% 的权益。印度工业信贷投资银行（ICICI）和印度住房开发金融公司（HD-FC）是印度处于领头羊地位的私营银行，它们大胆地迈出一步，在纽交所上市，其透明度很高，并公开可信的账目明细。

印度储备银行（RBI）现如今是由拉格拉迈·拉詹（Raguram Rajan）领导，他曾是印度总理的经济顾问，但是更重要的是，他还曾任国际货币基金组织（IMF）的首席经济学家，在著名的芝加哥大学布斯商学院任经济学教授。他很快意识到了印度银行体系的弊端，并且要求政府消除对外资银行的限制规定，包括禁止外资银行超过 25% 的持股比例，以及只能开设一家分行的限制。印度储备银行的新行长期望见证印度金融体系得到"大幅"改善。他在《金融时报》的一次采访中说道：

在未来几年，我预感银行业的格局将会发生重大的变革。一方面，一些新型银行将诞生；另一方面，一些外资银行将获准更加自由地发展壮大。未来竞争将会日趋激烈。[5]

印度储备银行 2013 年 12 月发布了一项关于印度银行业的金融稳定报告，但这并未缓解人们的担忧：

自当年 6 月可行性研究报告出版以来，银行业所面临的风险大大加剧。银行稳定指标中的所有主要风险维度都显示银行业的"脆弱性"将会升高。[6]

然而，对于银行体系的保护主义政策却让印度最大的国有银行———印度国家银行得以幸免。尽管印度国家银行主导着银行体系的方式有待商榷，但是它正努力重振其名。印度政府和印度储备银行并未对国有企业发放的贷款进行深度的司法审计。

然而，印度银行体系还未曾带来任何的系统性风险。其大多数业务是国内贷款，大约占印度国内生产总值的 70%。随着一系列非银行金融公司的成立，影子银行也迅速发展起来。拉詹行长需要时间、力度以及说服力来确保在未来五年内，印度银行体系将会与其在企业界的质量相匹配。

2016 年的换届选举，我们将会确定他是否拥有政治支持来践行这一事业。

评估亚洲风险

在欧洲和美国，提供更加强劲有力的监管很必要，因为"西方世界"金融界的道德观念严重恶化。

总体来说，亚洲的银行更为传统，尽管其在世界资本市场中扮演越来越重要的角色，但与西方贪婪的私心和个人主义并没有可比性。

（1）坚实的存款基础从根本上使亚洲金融机构的风险得到缓解。亚洲人仍然将巨额现金放在银行储蓄。

（2）银行对同业融资和债券融资的依赖程度也有所缓和，其原因主要在于，除日本以外的亚洲国家的评级给它们自己的银行评级带来了负面影响，这些银行的大多数债券都达到了投资级别的限度。

（3）在亚洲人的观念中，贷款并非一种普遍流行的行为，个人和小型公司贷款风险较低。只有大型的亚洲跨国公司才能够举债经营。

（4）亚洲国家不关心我们的道德危机之争：政府及其民众都明白，一旦发生危机，政府会介入其中。

因此，亚洲风险从本质上是属于宏观经济。日本政府负债过多，中国日益兴起的影子银行超过其贷款方的偿债能力，以及印度当局的保护主义和管理理念给全球金融稳定带来了系统性风险。

标准普尔评级服务公司在 2013 年 10 月发出警告，"中国的债权债务泡沫给该区域的金融稳定带来了威胁。在对亚洲金融体系持悲观的态度下，评级公司声称尽管影子银行业在不断扩展壮大，但中国的经济增长速度放缓，这会使不良贷款激增"。[7]

欧洲和美国结束它们声势浩大的监管之行，与亚洲开展更为实质性的对话，也许是明智之举。

注　释

[1] www.fsa.go.jp%2Fen%2Frefer%2Fcouncils%2Fvitalizing%2F20131213%2F01.pdf&ei=iUovU-n1LtPOkQf_1YHABQ&usg=AFQjCNE5f92CNTcz6ak9936BbT6WFdjWMQ&bvm=bv.62922401，d.eW0.

[2]《规模虽大却不可一味称赞》，《经济学人》，2013年8月29日。www.economist.com/news/leaders/21584342-chinas-banking-behemoths-are-too-beholden-state-it-time-set-finance-free-too-big.

[3] www.reuters.com/article/2014/01/17/us-china-economy-liquidity-idUS-BREA0G08720140117.

[4]《跨越鸿沟的桥梁》，《经济学人》，2013年11月28日。www.economist.com/news/finance-and-economics/21590928-financial-system-intended-promote-equality-and-stability-no-longer.

[5] www.ft.com/intl/cms/s/2/7137fc46-502f-11e3-befe-00144feabdc0.html#axzz20Dwtrtyi.

[6] http：//economictimes.indiatimes.com/news/economy/indicatiors/rbifinancial-stability-report-risks-to-banking-sector-have-further-increased/articleshow/28134966.cms.

[7] http：//blogs.wsj.com/economics/2013/10/03/dont-rule-out-an-asia-banking-crisis-sp-says/.

第十五章

全球金融监管的挑战

"这是一场血腥的噩梦。监管者们彼此轻视，国家只顾自己。"

——某国际大银行监管部门高管，摘自《金融时报》

全球金融监管的理念也许就是一个乌托邦或是西西弗斯的神话[1]。然而，在深入了解全球金融监管对全球有重要意义之后，仍然有几个关键问题需要继续分析解决。

每个国家都有不对之处。欧盟讨论监管框架的第二天，德国无视讨论结果[2]，实行自己的对冲基金监管措施。欧洲银行业联盟成立之时，法国则建立了一套自己的银行业监管体系[3]。美国实施的衍生品监管体系与四个月前和欧洲达成的协议背道而驰。欧盟委员会提出了新的监管体系，法国却对此坚决反对。

我们生活的世界被各种各样的国际趋势所左右。然而，国际政治领导关系取决于许多由国内问题引发的因素。我们常常想，目前国际市场动荡不安，各国的国际地位将如何转变。国际清算银行如是认为：

解决由众多原因引发的跨国银行危机面临的挑战，其一是大多数危机处理框架本就是为解决国内金融危机、减少国内利益相关者造成的损失而制定的。因此，危机处理框架并不适合处理严重的跨国问题。之前跨国问题的解决大多采用两种方法：一是所谓的通用解决方案，即承认跨国金融机构是一个完整的法律实体，由其中某个管辖机构处理问题；二是采用单一管辖权，所谓的地区方法或围栏方法，即每个管辖机构处理跨国金融机构时，只涉及其管辖范围内的部分。两种方法都不能完全满足实际处理问题的需要。但目前相关回应，如先前的问题相关者所表示的，更倾向于使用地区方法而非通用方法。从经济和执行角度看，哪种方法是最佳方案尚有争议。然而，即使是按照通用破产程序处理银行和其分支的管辖机构，如欧盟，在危机管理时，国家权力机关更倾向于追求国家利益。[4]

欧洲计划创造欧元区经济复苏体系，结合了"国家"方法（欧洲被认为可以算作一个国家）和"跨国"方法（包括 17 种不同的法律和金融体系）。

《欧盟银行恢复和处置指令》由欧盟议会和欧盟理事会正式通过，就欧洲银行在重大金融困境中如何重组，如何维持实体经济的重要功能，如何让银行股东、债权人和无存款保险储户分担损失和成本制定了规则。自救作为决议中的一个重要工具，将让股东、次级债权人和优先债权人持续地分担损失，并记录其债权。任何情况下，存款金额低于 10 万欧元的储户都不用承担损失，他们的债权受各国《存款保险机制》保护。[5]

这个框架使整个工作备受质疑：欧盟确实具备关键的辅助性原则。根据这个原则，欧盟委员会应该制定符合辅助性原则的具体条例，并解释在当前的国家结构中，为何《欧盟银行恢复和处置指令》的内容不能有效实施。该指令的实施无可避免地要依靠各国配合：能想象一位欧盟芬兰籍公务员踏入一家意大利银行，并帮助它重获生机吗？

国际金融协会的报告概括了这个问题：

根据合法有效的危机管理协议，一个有效处理跨国公司问题的框架既需要国家政权联合，也需要清算机构加强合作、彼此协调。这些协议能够考虑到采取与公司结构和组织方法一致的措施，同时避免各国日益增强的围栏原则以及国际市场分裂。公司采取多样的监管方法和结构能够促使全球经济和各国经济取得显著效益。跨国处置协议需要保持这些方法和结构。危机管理协议需要推行到国家危机解决框架中，才能富有成效，同时，国家危机解决框架需包含为加强和支持全球金融服务市场制定的条款。[6]

为维持金融稳定，全球金融监管任重道远。我们做出的分析显示出未来有希望，监管体系也许能促进金融的稳定。

金融服务业将会经历大量的监管改革，这在监管史上是独一无二的。正如所呈现的，我们将能够评估监管改革对一个更有效的金融世界贡献有多大。尽管这中间有挫折，有复杂情况，有削弱它或阻止监管体系实施的力量，但我们必须坚持不断地改善它（见图 15-1）。

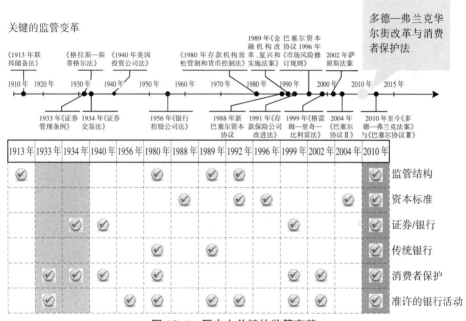

图 15-1　历史上关键的监管变革

资料来源：麦肯锡工作论文，No.25，2011 年。www.mckinsey. com%2F~%2Fmckinsey%2Fdot-com%2Fclient_service%2FRisk%2FWorking%2520papers%2F25_Assessing_Addressing_Implications. ashx&ei =XVWFUoThENjh4AOIx4HACw&usg =AFQjCNFnwU1j8f −C1bo1KrQJGsXwv4C_jg&sig2 =BkD0tz-zJTWYBHv−Ca4ffVw&bvm=bv.56343320,d.dmg.

监管、政策和政治

尽管全球金融监管存在众多复杂挑战，而真正的阻碍则来自政治本身。对于一个国家或一个地区的政治家而言，国际舞台远在他们能力之上。最近的一份报告列出了以下案例：

以下选摘内容表明，缺乏能力的政治家做出了错误的政策决定。

"我不知道乔治·奥斯本（George Osborne）的专业是什么。但绝不是经济学。"——艾利克斯·萨蒙德（Alex Salmond），苏格兰首席大臣。

"德拉吉（Draghi），欧洲央行主席反对德国财政部长萧伯乐（Schauble）提出的观点。萧伯乐认为，岛国塞浦路斯共和国与欧盟体系不相关，因此该国经济崩溃不会危及欧元区未来。德拉吉则认为，这个评论应该是从律师口中说出的。而塞浦路斯共和国与欧盟体系是否相关是律师回答不了的问题，这是个经济学问题。萧伯乐拿的一定是律师学位。"[7]

缺乏能力不是唯一的问题：尽管政府和议会也许能够理解监管对政治意味着什么，但这不表示当一项决定会导致它们失去支持者时，它们愿意用政治资本来换取有利于世界的正确决定。全球监管不可避免地处在利益争斗的十字路口。权力和金钱，政治和金融之间错杂的关系将会使监管实施变得极其复杂。

监管机构和主权融资

无论如何假装，公共的监管机构都不是独立存在的。早在 2002 年，国际货币基金组织（IMF）就坚称监管机构需要有独立性。[8] 在过去的这些年里，中央银行的独立性已经被重新定义了。对此我们不能自欺欺人。监管是主权的一部分，无论我们试图建造什么障碍墙，民主制度都要求选举出官员和代表来行使权力、履行职责。

监管机构拥有采取措施对抗违法者的权力，无论它们对此权力如何处理，所有监管机构的组成结构都是带有政治性的。我们必须承认，自金融危机发生后，这种独立性就一直在减弱。这是由金融服务业的破产以及监管机构的不作为造成的，二者走得太近，丧失了自身的独立性。

然而，在金融业中金融与政治之间的混乱关系却似乎牢不可破。公共部门需要融资，而那些提供主权融资的正是它们要监管的机构。

主权和银行压力之间的紧密联系最近经常被提及，尤其是欧债危机开始的这段时间。主权和银行风险之间的相互依存关系表明，2011年主权和银行之间的信用违约互换（CDS）在一些欧元区国家还是有着积极作用的。这不仅对那些边缘国家有利，也会使欧洲大国，如德国、法国等国受益。然而，主权与金融间的关系到底是怎么样引起危机的，人们对此还知之甚少。[9]

欧洲中央银行监管：欧盟治理面临的挑战

最近的一个例子充分显示了这种两难的情形：欧洲央行（ECB）将接管124家欧元区银行监管的工作。在这之前，欧洲央行（ECB）曾决定将这些银行置于一个更严格的质量审计系统之下，并想尽一切可能，不去监管那些实力最弱的银行。这种审计系统，将会遇到银行投资组合中主权债券估值这一核心问题，而银行可能是主权债券最大的持有者：

有关欧洲央行（ECB）将接管欧盟区最大银行的方案墨迹尚未干去，欧洲央行（ECB）又陷入了同国家银行监管机构之间的纠缠中。纠缠的要点在于，欧洲央行（ECB）在进行接手后（一年内）的第一项重大任务，即对银行资产负债表进行详细的审核时如何把握好权力及严格程度的问题。[10]

如果它们这样持续下去的话，参照之前长期再融资计划（LTRO）的例子，罔顾事实证据，得出所有国家都是一致而无风险的结论，那么这一审计结果同样会让人大感意外，像之前欧洲银行管理局进行的两次压力测试一样。[11]

如果审计人员可以识别那些显而易见的事实——即主权债券并非都是完全一样的——那么谁来决定每个国家的风险调整值呢？市场和评级机构表明了一个很好的迹象。但是应该采取些优惠政策吗？欧洲经济欠发达国家的一些银行可能根本达不到欧洲央行（ECB）的最低要求。会有人相信德拉吉先生会缩小意大利债券的规模，承认在他作为行长时意大利央行存在着结构性的弱点吗？现在曝光的欧洲央行对于欧盟各国的意义是什么？在其贷款业务中，抵押品又来自哪些国家或地区呢？

事实是，关于这些问题到现在还没有答案，而欧洲一直希望在保持不透明的前提下重获信誉。在 2014 年 1 月 3 日的一份出版物中，就有人对欧盟的透明度提出了严重的质疑：

银行的监管者应该在其监管的范围之内，提供可公开获得的、及时而持续性的数据。这种透明度会增强民主责任性，也会带来更高的市场效率。

相较于欧盟的各成员国，美国有着更高的监管透明度。美国的监管机构每个季度都会发布数据，并会在一周内更新较为详细的银行资产负债表的数据信息。相比之下，如果你想在欧盟的成员国找到类似的数据，可能只能在其中 11 个国家的监管机构中找到部分可用的，但所有欧盟成员国的透明度都达不到美国的水准。

欧盟现行或是计划实施的有关银行透明度的要求，要么还不够，要么很容易被监管者所回避掉。欧洲的银行联盟必须实行更高的透明度要求。[12]

多头监管的风险

当牵涉到银行危机处置及恢复时，多头监管的风险就显得尤为突出。对于这种多头监管的风险，国际金融协会（IIF）一直在向国际货币基金组织（IMF）和其他监管者强烈呼吁：

全球领导人面临的挑战是重拾政治承诺，以果断而协调的行动力促使 2009 年 4 月的伦敦二十国集团峰会成功召开，恢复全球受危机严重影响的信心，并运用这一承诺，在全球多边框架内及时采取协调一致的政治措施。市场的参与者需要确信，这些主要经济体的领导人认同他们所承担的责任——无论是个体的还是集体的——只要他们的工作能够有助于全球经济持续、平衡地增长。[13]

亚洲并没有参与基本监管方面的辩论，这一事实应当引起关注。尽管它们参加了巴塞尔协议的讨论并同意遵守资本充足率的规定，但是目前还不太清楚它们的监管者是否真的同意流动性和杠杆比率的相关条款。

银行处置机制：法律的梦魇

银行处置及恢复机制可能是未来影响金融机构的唯一重要问题，也是复杂的法律问题，涉及法律体系、体制结构、文化差异和人们普遍接受的实践行为。

每个国家都运行着不一样的法律体系，都给予了其监管者不必要的监管权力去制裁银行机构。

委托中央银行来监管银行系统就一定是个好主意么？在危机处理中它们又会有怎样的表现呢？从历史上看，它们一般用它们的金融资源来救助银行。但这往往与自救的目标背道而驰。

这一改革是约两年前推出的雄心勃勃的计划的最后一步，这一计划旨在整合欧元区的金融监管，增强欧元对抗债务危机弹性的力度。然而，这一处置体系却因经费不足以及过于复杂而招致包含欧洲央行在内的各方批判。[14]

《巴塞尔协议Ⅲ》

金融机构尤其是银行的资本充足率，似乎迎来了一个全球化的好时机。《巴塞尔协议Ⅲ》的监管条款已经开始对银行策略及资本结构调整产生作用。欧洲银行管理局（EBA）[15]也进行了认真的尝试，确保欧洲银行资本的充足。但其实现却依旧遥遥无期。[16]

更为重要的是，有关银行业反对《巴塞尔协议Ⅲ》中部分内容的呼声依然高涨。2013年9月的时候，美联储发布了一份有关《巴塞尔协议Ⅲ》实施的临时报告：

有关美国实施《巴塞尔协议Ⅲ》资本改革规则的相关方案已经定在了7月，将会根据银行机构的大小在2014年或2015年逐步实行。下一个资本规划和压力测试周期的计划时间将从 2013 年的第四季度持续到 2015 年的第四季度。因此，10 月 1 日开始的下一个资本规划和压力测试周期将会和《巴塞尔协议Ⅲ》资本改革的实施产生重叠。[17]

欧盟希望大家都相信它是支持《巴塞尔协议Ⅲ》的，并确保美国也是如此。但与此同时，它也在寻求一种折中的办法。

有三个存在争议的问题：

（1）未经欧盟批准，成员国是否可以制定比《巴塞尔协议Ⅲ》中具体规定更为严苛的最小资本比率。

（2）《巴塞尔协议Ⅲ》中对于高质量资本的限制是否依然要遵循欧盟相关的法律法规。

（3）《巴塞尔协议Ⅲ》中对引进银行资本中未加权的杠杆率要求以及两个新的量化流动性标准（流动性覆盖率和净稳定融资比率）的截止日期是否也应该复制到欧盟的立法中去？[18]

资本市场的重新兴起

减少利用纳税人的钱去救助金融机构是一种高尚的行为。但是新一轮的监管通过确保银行资金的充足并且有着足够的流动资本，来确保储户利益的同时，也使得大量的金融资产外部化了。

银行才刚刚开始调整自身的资本。在投资者不愿意为银行增加权益时，资产及业务处置就成为平衡资产负债表最为重要的方法。

没有人真正意识到资本市场融资增加的风险。证券市场监管的结构和规则真的足以避免金融市场的危机吗？这反过来又会制造更多的风险，因为资本市场难以被驯化，同时银行重组的债务、债券会在一夜之间流失，从而迅速对利率和实体经济产生影响。

资本市场在全球金融中的份额将不可避免地增加。《巴塞尔协议Ⅲ》中的裁剪标准将会增加分配股权以支持主权债券和企业债券的投资组合。然而，银行将继续持有债券。

资本市场能够提供充足的资金吗？新近的自救措施将会在资本市场上实施。谁会购买那些极具风险的资产？对于这种债券（应急换股债），资本市场会作充足的发行吗？

我们看到一个悖论，即虽然金融危机的来源是在资本市场发行的金融工具（证券化的资产和其他各种证券），但新的监管举措的最终结果只会使这个融资来源显得比以前更为重要。

金融重组

世界各地的银行结构，尤其是那些具有系统重要性的大而不倒的金融机构（SIFIs），都在朝同一个方向发展。即使是亚洲的银行，现在也加入了这一发展。

（1）对自营交易投机工具的禁止措施应该保持一致。这是使资本充足率的相关规定免于风险破坏的唯一方式，这种风险还有可能影响权益的完整性。

（2）监管协调可能是效果次优的全球监管方法：毫无疑问，全球机构及与之并列的各式各样的监管部门及公众的意见使其成为最核心的政治问题。

在进行了重大而复杂的监管改革之后，金融部门似乎不可能仍像过去那样一成不变。会更安全吗？会更有效率吗？会为经济提供更好的服务吗？到目前为止，这些非常实在的问题只得出一部分答案。

金融方面的交流应该接受监管吗

对透明度的要求使得金融方面的交流成为监管者监督的信用和信心的重要组成部分。若要对这一话题及其细节做出深入探讨，可能需要一整本书的篇幅，而此处我只提及自己观察到的一些情况。

金融机构以及证券发行者发布的信息随着复杂性的增加越来越成为被

关注的重点。

（1）美国证券交易委员会（SEC）第一次做出了增加可读性的尝试，即要求企业用简单的英语交流而非法律术语，为此甚至出过一本小册子——《证券交易委员会文件披露简明指南》。沃伦·巴菲特（Warren Buffett）在序言中写道：

四十多年来，我都在研究上市公司的文档文件。但我经常搞不懂这些文件到底表达了什么。更为糟糕的是，最后总结的时候才发现其实上面什么也没有说。如果公司律师和他们的客户听从手册上的建议，那么我的生活将变得更加容易。[19]

（2）随后的尝试是为了确保特定安全相关风险得到清楚解释，这一尝试还在持续地更新中。多德—弗兰克法案发布后，又有更新的相关规则：

这些新规定确立了一个全面的测试方法，即交换和安全互换交易对手必须采取上述方法来决定他们是否以参与者的身份服从更高层次的监管，并享受这些要求的保护。如果一个实体满足任何三个可选主要参与者的测试条件，它通常会受到额外的法定监管要求，包括利润、资本、商业行为、记录和报告。[20]

（3）最后同样重要的是，信息公开的规则得到了详细的阐述。美国证监会（SEC）之前颁布的规则制约了信息披露，无疑也降低了信息的可用性。[21]

（4）欧盟为此已经发起了一份十年规划，[22] 使得整个欧盟在这方面的步调更加一致。

投资者仍像之前一样迷茫：不公布或者公布的信息太多而无法理解，都会造成信息不透明。我们现在正处在这样的一个阶段，通常会收到几十份风险报告，但这些报告却极其相似，仿佛都是从一个样本文件中抄袭过来的。

这些举措使得金融分析及金融媒体这两个信息来源更容易获得。尽管通过披露分析者和投资银行活动之间可能存在的利益冲突，尤其是在首次公开募股的情况下，新规则已经建立以提高分析报告的透明度，但其功效依旧有待商榷。[23] 投资者几乎不可能注意到这些极小且乏味的批注，但这些批注却是分析全球银行最好的方法。

金融媒体应该遵行统一的准则吗

作为一个博客使用者，我永远不会想着去干涉新闻自由。真正的金融信息，反而都是通过媒体发布的。当今世界，这样的媒体包括纸质媒体、视听媒体、互联网出版物、社交媒体及其他多种方式。

媒体总是要有戏剧性的卖点，所以我们在经济危机期间就看到了许多被戏剧化了的恐慌头条。媒体所扮演的角色在传播谣言、对一些事物做了错误的解读并夸大了其中的许多观点方面，无疑使情况更加恶化。金融媒体的扩张使金融从幕后走到了台前，这是不可避免的结果。金融如此具有吸引力，无须专业知识，也能够侵入到大众媒体中去。

我没有资格建议应该做些什么，但我们生活的这个世界，狂怒却很有可能带来罪行。当一家投资机构有理由去破坏金融安全时，没有比做空头交易及制造谣言来得更容易一些了，无论实施情况是否如此。当发行者做出反应的时候，抛出的证券汹涌而至，卖空者就能够在数小时内完成自己的行为，获取巨大的收益。

监管者们对此早有认识，但却又苦于无法阻止这种恶意的行为，法庭也不会仅仅以一些"奇怪的巧合"来作为判断的依据，尽管这些巧合背后确实隐藏着恶劣的实质。但有所警觉总归不是坏事，在雷曼兄弟破产的前一周，其股票和证券就已经开始疯狂下跌了。

对冲基金特别青睐收购、合并甚至是资本增加中的激进主义。这是一场发行者为了自身利益，同其社会影响力间进行的持续的猫鼠游戏。这是他们最喜欢的影响市场的方式，而且经常在尚未接触对方公司的情况下就开始散播交易的谣言。这在金融方面造成了很严重的后果，更为重要的是，已经严重影响了实际行动的信誉。Facebook 发行、定价、公开及管理等在大多数投资者心中都留下了苦不堪言的回忆，使人们不再信任在美国的首次公开募股（IPO）。媒体对此也进行了言过其实的宣传。

尽管环境被严重操纵，但还是有正经的调查媒体团队完成了杰出的工作，我想对此表达敬意。金融信息的获得不能视作想当然，正直的金融机构对于媒体也有着很大的影响。本书中对它们贡献的使用，就是对它们附加价值的证明。

金融教育是关键

金融危机让普通大众对金融有了进一步认识，有关金融的争论已经成为政治、社会和经济的一部分。但金融教育却相对缺乏，密度不够而且缺乏协调性。这也使人们不禁疑惑，为什么有时候公众那么容易被愚弄。

对于那些对借贷稍有些常识的人来说，21世纪初开始的新型按揭贷款的发展绝对是个大大的误导。虽然大多数情况下信息是完整的，但银行还是会采取奸诈的手段对其进行误导性包装。美国证券交易委员会（SEC）已经为各式各样的违规行为开出了数十亿美元的罚单。[24]

这还不算结束。人们依旧期待银行不要再玩忽职守或是发布错误信息，但金融恶意诱导行为似乎还像以前一样不受控制，并充满了不诚实的行为。

寄希望于改变无疑太过天真，因此我们需要探索出一条解决之道。金融应该成为教育的一部分。如果高中生毕业时依然不知道金融世界最基本的运行规律、过度负债的风险、借贷条款和信用卡发行商的欺骗行为等，岂不是很荒谬。

人们认为讲解历史和地理的基础知识是正常的，但金融却不是一门学科。政府、公司和金融机构基于各自的利益需求，会对金融消费者进行错误的引导。它们极力阻挠金融消费者保护局的建立，唯一可以确定的是，它们依旧会不遗余力地去尝试如何成功地欺骗自己的客户。

我们致力于为消费者提供他们需要的信息，帮他们弄清楚自己与金融公司签订的那些合同。我们还提供尽可能清晰、简单的规则和指导意见，让金融商品和服务的提供者有章可循。[25]

公司治理一直是许多规章制度的主题，但董事会在很大程度上依旧不够专业，它们很容易被管理部门蒙蔽。然而，我们需要认真地在公共治理方面做好工作，为政府和政府官员在金融领域的工作制定一些基本的准则。他们进入这一领域工作时就丧失了自主权，必须同样遵守他们给其他人制定的标准。

2013 年 11 月，《赫芬顿邮报》推出了一个新的金融教育专栏。阿里亚纳·赫芬顿（Ariana Huffington）这样描述这一创举：

金融教育将为读者提供金融方面的新闻、建议和金融工具，从而帮助读者做出正确的资金管理决策，包括计划预算和减少债务，以及大幅提高信用评分和再融资抵押贷款等。

金融教育源于这样一个理念，即通过更好地掌控金融生活，我们可以减少金融方面的决定所带来的压力，同时提升其他方面的生活质量，这些方面远比金钱更重要，比如健康、家庭、事业以及家园。通过学习金钱如何影响生活，可以确保生活不完全被金钱掌控。通过学习如何更好地管理金融资本，可以更好地管理自己的人力资本。[26]

注　释

［1］阿尔贝·加缪（Albert Camus）：《西西弗斯的传说》，纽约大学出版社 1942 年版。www.nyu.edu/classes/keefer/hell/camus/html.

［2］这是由德国市场监管机构——德国联邦金融监管局出版的。www.bafin.de/EN/Homepage/homepage_node.html;jsessionid=3C8FF1C8306A7EE05E34B73911371BB0.1_cid298.

［3］www.banque-france.fr/en/banque-de-france/history/the-milestones/the-bangue-de-france-and-the-escb/regulating-and-supervising-the-banking-system-and-investment-firms/the-banking-and-financial-regulatory-committee.html.

　　〔4〕国际清算银行:《关于跨境调解集团的报告和建议》,巴塞尔、瑞士,2010 年 12 月。

　　〔5〕http://eur－lex.europa.eu/LexUriServ/LexUriServ.do?uri＝CELEX:52013 PC0520:EN:NOT. European Commission, COM 2013, 520 FINAL.

　　〔6〕国际金融研究所:《强调在跨境调解中要优先解决的问题》,2011 年 5 月。www.iif.com%2Fdownload.php%3Fid%3D615ZrRHRb%2BE%3D&ei＝Luq9UoTZF4fgsASWslKIDg&usg＝AFQjCNGLJvWXz57YNB6bmB02ZgQBPFr9FA&sig2=TNJnSPtYTLbjV5fYPIHHCA&bvm=bv.58187178, d.cWc.

　　〔7〕马克 (Mark Hallerberg)、约阿希姆·维纳 (Joachim Wehner):《经济政策制定者的技术能力》,VOX,2013 年 2 月。

　　〔8〕www.imf.org/external/pubs/ft/fandd/2002/12/das.htm.

　　〔9〕基娅拉·安杰洛尼 (Chiara Angeloni)、冈特拉姆·B.沃尔夫 (Guntram B.Wolff):《政府所持债务是否会影响银行?》,勃鲁盖尔的工作论文,2012 年 7 月。www.bruegel.org.

　　〔10〕《先生们,开始你们的审计》,《经济学人》,2013 年 10 月 3 日。www.economist.com/news/finance－and－economics/21587225－close－scrutiny－europes－banks－may－turn－up－unexpected－shortfalls－gentlemen－start.

　　〔11〕www.eba.europa.eu/risk－analyis－and－data/eu－wide－stress－testing.

　　〔12〕S.克里斯托弗 (S. Christopher Gandrud)、马克 (Mark Hallerberg):《欧洲银行业联盟的透明度》,勃鲁盖尔政策贡献。www.bruegel.org/publications/publication－detail/publication/807－supervisory－transparency－in－the－european－banking－union/.

　　〔13〕www.investmentexecutive.com/－/iif－warns－g20－on－fragmented－regulation.

　　〔14〕www.ft.con/cms/s/0/b640b02c－b003－11e3－b0d0－00144feab7de.html#ixzz2wp2jG2k5.

　　〔15〕对欧洲银行管理局角色的阐述,参见 www.eba.europa.eu/regulation－and－policy/market－risk.

〔16〕www.deloitte.com/view/en_nl/nl/industries/financial-services-industries/basel/timeline/index.htm.

〔17〕www.federalreserve.gov/newsevents/press/bcreg/20130924b.htm.

〔18〕莫里斯·戈德斯坦（Morris Goldstein）：《欧盟执行〈巴塞尔协议Ⅲ〉：一个严重错误的妥协方案》，VOX，2012 年 5 月 27 日。www.voxeu.org/article/eu-s-implementation-basel-iii-deeply-flawed-compromise.

〔19〕www.sec.gov/pdf/handbook.pdf.

〔20〕www.stblaw.com%2Fcontent%2FPublications%2Fpub1414.pdf&ei=uE0vU4LzBYXRkQe04oHIBQ&usg=AFQjCNFSbYRupRLqzlvodDC1L_Z9HoIGWw&bvm=bv.62922401，d.eW0.

〔21〕www.sec.gov/rules/final/33-7881.htm.

〔22〕http://eur-lex.europa.eu/LexUriServ/LexUriServ.do?uri=OJ:L:2010:327:0001:0012:EN:PDF.

〔23〕格雷格·麦克尼尔（Gregg McNeal）：《投资者关心的证券交易委员会责令披露分析家的股权吗?》，《福布斯》，2012 年 11 月 30 日。

〔24〕www.sec.gov/spotlight/enf-action-fc.shtml.

〔25〕www.consumerfinance.gov/the-bureau/.

〔26〕www.huffingtonpost.com/arianna-huffington/huffpost-financial-education_b_4284273.html.

第十六章

监管与道德

> "古代对于金牛犊的崇拜如今又打着新的、偶像崇拜的幌子回来了，只不过这一次是对缺乏人道的客观经济中的金钱和独裁的崇拜。"
>
> ——教皇方济各

公众强烈希望金融能够道德化，制定能够保证正当行为的道德准则。但不幸的是，监管并不能够将道德标准加诸行为之上，而只能是通过规则来影响行为。

"银行流氓"反映了公众对银行从业人员的态度。这一称呼出现在《经济学人》2012 年 7 月报道伦敦银行间同业拆借利率（LIBOR）丑闻的文章标题中：

"我们并不比其他人拥有更多的预知未来的力量，我们犯过很多错误（过去的五年中谁没有犯过呢？），但我们所犯的错误都是判断出了问题，而不是原则性的错误。"小约翰·摩根（J.P.Morgan Junior）在 1933 年经济危机中反思道。但今天的银行家却无法从自己的行为中寻求慰藉。他们对伦敦银行间拆借利率（LIBOR）这一基准利率的操纵不仅背叛了"很偶然的不诚实"，还为全球范围内的诉讼和监管提供了舞台，而这很可能是全球金融业的"烟草时刻"。[1]

然而，这可能会在定义责任[2]的过程中起到主要的作用，一如其在责任相关规定的实施中一样。这些道德规定来源于道德哲学，然后变成自然的律法，而不是存在于实在法之中。

诚信管理

尽管人们在完善监管方面付出了很多努力，但管理层、董事会、监管者和立法者的诚信问题依然是一个道德问题。监管从来都替代不了道德准则。

正如法国哲学家阿尔贝·加缪（Albert Camus）所说的那样"诚信是不需要规则的"，[3] 它主要与道德相关联。监管者们要如何提高管理的诚信水平？

然而，正如普华永道会计师事务所所言"商业诚信是重建声誉的关键所在"。

"以客户为导向，以道德为准绳"是一家业界领先银行的标语，也为其赢得了竞争优势。但这是不是在暗示其他的机构不够讲道德，或者就是不道德呢？这是不是可以给我们提供一个线索或者理由，解释金融服务机构为什么不受监管者和媒体欢迎呢？如果金融机构能够使自身的商业行为更讲诚信的话，它们又能获得什么呢？[4]

责 任

无论是否有违法行为，都不能放弃对金融行为人的问责。像我们之前说的那样，那些被迫辞职锒铛入狱的经理或是董事长都是因欺诈而被指控的。

但是还有另外一个"法庭"，即公众舆论的"法庭"。它既难以预测，又危险万分。它主要针对那些没有受到制裁的行为以及已经引咎辞职的违法者，人们一般通过媒体宣泄愤怒和不满，也迫使政府、议会以及监管部门采取相应行动。

之前已经提到过，在打破问责壁垒、惩罚不当行为人的道路上依然存在困难，尤其是在美国。

透明度是关键

《金融时报》对"透明度"定义为：

一种强调尽可能多地向监管机构和利益相关者披露信息的企业管理方法。这一概念同样适用于政府及其他国际机构。[5]

"不想上《纽约时报》头版，就不要做那些事"，这一委婉说法背后的事实是，公众难以了解的、得不到披露的信息很有可能就是那些不道德的行为。

透明度是一种强大的力量，可以引导人们做出正确的行为。这其中既有赢家，也不乏失意者。[6]

国会已经发挥了很大的作用，通过对金融领域内一些丑闻的调查，纠正了一些不道德的行为，给了公众一个交代。有人或许还记得高盛相关人员[7]在宣誓作证时的一些明显表现，当立法人员询问受委托的银行家如何处理客户的问题时，一位对冲基金经理做了回答，尽管此人没有任何的银行经验，却可以担任管理资本市场的风险经理。

我们需要一个有原则的监管系统

作为资本市场监管委员会的代表，哈佛大学法学院教授海尔·斯科特（Hal S. Scott）就强调过这种方法在确保监管有效性方面的重要作用：

我们认为应该给予监管有效性和监管范围方面尽可能多的关注。这二者是同样重要的，我们认为有意义的改革必须建立在基本的原则而非政治权术之上。这些原则中最为重要的，尤其是对眼下的经济危机而言，是监管要减少系统性风险。一家系统重要性机构处于危险之中或濒临破产，可能会产生连锁反应，导致更多的倒闭发生。这就是我们所说的关联性的难题——除了向其中注入公共资金外，似乎没有更多的办法。[8]

现在的金融法系统主要是从所谓的"盎格鲁—撒克逊普通法系"得来的，规定的都是监管规则的细节。

从 6 世纪到诺曼征服（1066 年），盎格鲁—撒克逊法的主要原则一直在英国盛行，同所谓的斯堪的纳维亚法和欧洲大陆的蛮族法一道构成了日耳曼法的主体。盎格鲁—撒克逊法是用本族语言写成的，相对不受罗马的影响，而大陆法则由于用拉丁语写成而受到罗马的影响。罗马对于盎格鲁—撒克逊法的影响并不直接，主要是通过宗教实现。倒是 8~9 世纪维京人的入侵令其受到斯堪的纳维亚法的影响。直到诺曼征服到来时，罗马法系才对英国的法律造成了影响，一如其对法兰克法律施加的影响一样。[9]

在欧洲其他的法律系统中，包含着对一些原则的定义，这些定义使得在没有具体细节规定的条款中，允许违法行为的发生。

大陆法系，又称罗马—日耳曼法系，是罗马法、日耳曼法、教会法、封建法、商法和习惯法的综合。欧洲的大陆法被拉丁美洲以及亚洲和非洲的部分地区所采用，有别于英美国家的普通法。[10]

这一系统包含了对一些行为的引导以及违反相关原则可能会带来的风险，它会使监管更具道德性。

美联储官员一直担心，因为传播渠道被破坏，他们的极低利率政策所产生的影响可能不比平常。简而言之，就是这些钱并没有从流动资金充足的银行平稳地流向潜在的借款人手中。

做正确的事情

在当今法治社会，顺从已经取代了正义。董事会和政府通常会从顺从或者遵守法律监管的角度出发去做决定，或是听律师告诉他们"这样做是合法的"才能安心。

对于一个决策者来说，这种方法只不过是一个替代方式而已。当董事会的成员质询管理者"告诉我们为什么你认为这是对你的公司、客户及整个社会有益的方式"的时候，事情可能会有所改变。

　　不这样做，西方金融体系就会失去民众的尊重、客户的信心以及舆论的信任。除此之外，欧洲和美国对公共债务的处理方式也被指控极不负责，从而饱受其他地区的诟病，亚洲尤其如此。在周日晚上达成协议后，美国会保持不变的信用评级，从而有望摆脱债务上限压力。但美国政府就未必能幸运地保持好名声了。

　　谈判形式明朗之前，痛苦、分裂和运转不良的声音响彻世界各地，因为美国选择缺席而非为此尽一分力量，人们认为美国可能会像日本一样，陷入一种政治僵局之中。外国领导人及整个国际市场都认为美国的光环已然不再，美国不再是世界经济的避风港，也没有能力再带领着世界其他国家走出经济衰退的圈子，对抗经济危机。[11]

　　全球金融监管是一个重要的促成因素，但它本身并不能创造出一个使金融机构可信的信任环境。这一点可以通过摩根大通的道德信条得到验证：

　　这本《道德守则》的目的在于鼓励诚实道德的行为，并与相关的法律保持一致，适用于公司金融手册、记录及公司声明的准备等。该守则在于补充完善——而非替换——公司的行为准则。作为公司金融专业人士，希望你们能够：

　　（1）提升自身的道德行为，包括在处理个人和工作之间的利益冲突时，以及主动向秘书处办公室汇报有可能引起这种冲突的信息。

　　（2）信念坚定地履行自身的职责，保持诚实、诚信、谨慎和勤奋，做到独立思考判断。

　　（3）根据美国证券交易委员会及其他监管机构的要求，为公司报告或是文件中需要的信息提供可理解的，完整、公正、准确而及时的协助。对公司在其他媒体上的出版物亦应如此。

　　（4）遵守适用的行政法律法规，遵守联邦、州、地方政府和其他相关监管机构的监管准则。

　　（5）及时向董事会审计委员会（如果可以的话，一年一次）报告任何违反此《道德守则》的行为，或有悖于公司财务报告的事情。可以通过写信、打电话或者发邮件的方式与审计处联系，联系信息规定如下：在审计员履行审计职责或是审查公司的财务声明时，不要试图采取任何直接或间接行为强迫、操纵、误导或是欺诈他们。

注　释

[1] www.economist.com/node/21558260.

[2] 欧文（Irvine Lapsey）：《金融问责和管理》，2013 年 11 月。http：//onlinelibrary.wiley.com/journal/10.1111/%28ISSN%291468-0408.

[3] 阿贝尔·加缪（Albert Camus）：《荒谬的人》。www.sccs.swarthmore.edu/users/00/pwillen1/lit/absur.htm.

[4] www.pwc.com%2Fen_GX%2Fgx%2Fbanking-capital-markets%2Fpdf%2Fjournalaug2005-1.pdf&ei=TWJ2UsSTHce2sAT79oHQBA&usg=AFQjCN-Hy8J8Jz01hT_VQKuJrzlGAI6zpuA&sig2=jM8XVF1BsPM8vmsQK1Ojug&bvm=bv.55819444，d.cWc.

[5] http：//lexicon.ft.com/Term?term=transparency.

[6] 罗伯特 J.布卢姆菲尔德（Robert J. Bloomfield）、莫林·奥哈拉（Maureen O'Hara）：《证券市场透明度：谁胜谁负？》，《金融研究评论》第 12 卷第 1 期，可见 SSRN 数据库：http：//ssrn.com/abstract=122708.

[7] 英国的《卫报》发表了完整的参议院关于高盛的报告。www.the-guardian.com/business/2011/apr/14/goldman-sachs-full-senate-report.

[8] http：//fcic-static.law.stanford.edu/cdn_media/fcic-testimony/2009-1020-scott-article-3.pdf.

[9] www.britannica.com/EBchecked/topic/25121/Anglo-Saxon-law.

[10] www.britannica.com/EBchecked/topic/119271/civil-law.

[11] 从《纽约时报》中可以看出世界对美国最近一次关于债务上限问题的争论的回应。www.nytimes.com/2011/08/01/us/politics/01capital.html?pagewanted=all.

我们可以期待什么

金融稳定是一项长期工程。在追求金融稳定的过程中，需要金融系统重拾社会各方的肯定和信任，杜绝严重影响稳定的行为，建设风险管理的文化。

引领读者走过一段复杂而艰辛的全球金融监管之旅后，我发现金融稳定需要通过全球监管才能实现。此章无任何引述或参考，仅阐述由数年分析金融危机而得的个人观点。

过去五年间，全球立法者和监管者承担起全球监管这一庞大棘手的任务并撰写了数以万计的相关监管条文，若是忽视这些，将是极不公正的。无视这些努力是毫无意义的，要想最终实现目标，这些努力是必不可少的。

但是，对以往危机的深入分析给我们带来的希望并不大。也许下一次系统性银行危机的规模和影响不会威胁全球金融稳定，我真诚地希望事实也将如此，并且在确保金融机构不成为动荡根源方面取得进展。为达到上述宏伟目标，我将在此客观公正地指出亟待解决的一系列问题：

1. 金融机构并非欣然接受全球金融监管

尽管它们公开表态支持，但其观念却尚未转变。后来出现的类似"伦敦鲸"事件的丑闻、伦敦银行间同业拆借利率操纵事件，以及汇率操纵事件等，都将是银行出于自身利益进行勾结、操纵资本市场的明证。上述事件发生于2011年和2012年，远在雷曼危机之后，说明以往的教训并未被吸取，之后也未必会得到改善。这是一场猫鼠大战，而且还将持续下去。

2. 激烈的游说行为阻碍了立法进程

立法原本是促进全球监管的重要推动力量，而金融机构对立法者的游说活动却削弱了这一力量。代表二十国集团的金融稳定委员会是全球金融稳定的捍卫者，然而其监管系统性风险的能力有限，虽然已经出台了许多监管相关文件，却无权依照文件发布法定指令。银行继续倾数亿美元（或欧元）进行游说，以避免制裁，制造漏洞，确保立法者和监管者不会限制他们为自身利益行事的能力。

3. 监管程序以及监管机构过于繁杂，运转效率低下

无论是基于欧盟多层决策的现状还是美国 20 多个监管机构并存的事实，机构间由于协调失败而无法防范系统性风险事件的情况会反复发生。各国政府倾向于增加新的机构而非精简机构，监管制度和规则日趋复杂，滋生出许多监管漏洞。监管机构无意提高监管运行效率，极高的监管成本已经成为进入这一领域的巨大障碍。既得利益集团反对监管高效化。欧盟建立了由 19 个欧元区国家监管者组成的委员会，基于《欧洲金融监管体系改革报告》建立的欧洲金融监管体系包括数个机构以及政府相关部门。而美国金融稳定监管委员会则由 9 个机构组成。

4. 银行系统并未大规模去杠杆

与官方声明相反，银行系统并未真正地去杠杆或放弃某些业务。"业务分离"只存在提议中，在银行当前运行中仍然微不足道。在这一方面，欧美之间存在差异：相较于欧洲，美国银行系统的权益基础已大规模增加，资本充足率更高，运转更加稳健。

5. 欧洲机构的过度银行化本身就是一种系统性风险

在欧洲，通用的银行业架构占主导地位，银行资产占 GDP 比重高，带来三重系统性风险。首先，这使得金融机构的权力大于政治决策者，威胁到政治民主体系；其次，大量银行资产流向政府借款和债券，银行与政府形成高度关联；最后，监管者仅在 2014 年 3 月试图限制欧洲的自营交易，投机性资产依然在欧洲银行资产负债表中占比较高。

6. 金融管理尚未改善，个人并不负责任

总的来说，金融机构的管理层和董事会在金融危机后并没有改变。个人问责制尚未发挥作用，对危机事件的责任人，罚款代替了制裁。他们拿的报酬和负的责任并不成正比。最近著名的案例中，一个陷入泥潭的银行主席兼 CEO 竭尽全力只为保住自己的头衔，即说明了这一情况。董事会仍然无须承担责任。

7. 监管者尚未将风险和报酬分离开来

虽然欧洲对红利采取了限制措施，但仅带来基础工资的上升，并未降低重要活动的风险度，这使得金融机构由于固定成本上升更易受到市场波动的影响。美国的"股东决定薪酬"制度较稳固，但这一制度让股东掌权，而美国公司体系只是扩大了管理层完全可以忽略的不具约束力的投票权。上述两种情况下，风险与活动的相关性较低。

8.《巴塞尔协议Ⅲ》规定的一系列比率是降低系统性风险的唯一希望

《巴塞尔协议Ⅲ》对包括资本充足率、流动性、杠杆率在内的一系列指标做出规定，能够强制银行体系重新架构，使其自身的增长与承担相应风险的能力相匹配。而且，它将强制银行，尤其是欧洲银行，缩减其资产负债表并进行资本重组。迄今，荷兰银行是唯一一家宣布采取了上述措施的银行。但是越往后，压力会越大。

9. 资本市场和证券化对经济发展不可或缺

《巴塞尔协议Ⅲ》对银行的限制必将带来金融系统的结构调整。存款或银行资产负债表只能为一小部分金融需求提供融资。当前的监管措施，主要集中于减少纳税人介入，有效地将大部分经济融资需求转移到影子银行和证券化过程中。这两个市场在结构上是全球性的，有必要接受全球的监督和管理。但这项任务尚未启动。

10. 信任尚未恢复，观念仍然如前

金融机构决定单纯从合规角度看待新的监管浪潮。它们对一些必要改革的反对（如沃克尔规则），以及新的丑闻和超大额赔偿款，并没有提升公众的信任度，改变交易者的观念。以往危机的教训并未被吸取，而相同的行为将不可避免地带来同样的危机。

11. 监管需要超越合规和律师

作为一名法学教授，我不应质疑参与监管制度制定的律师的智慧和经验。但是，虽然起草规则和法律协议至关重要，但金融监管仍然面临挑战。面对宏观经济、社会、政治动荡，金融市场受到诸多因素的影响，其中的大部分因素并非法律方面的。金融监管部门和各央行基本上由律师和政治家所领导。迄今，他们仍不能预测可能出现的危机。他们需要诚实正直。

12. 监管机构没有得到实施其规则的手段

监管者在工作中需对抗那些时薪超过 1000 美元的法律代理人、报酬八位数的 CEO、公司法律部门中最顶尖的律师，自身却面临预算削减，报酬水平之低，令人惊讶。虽然公共服务是一项光荣的任务，但我们不能指望能力卓越的人去接受公务员低水平的工资。同时，来自美国及其他国家的政治压力也削弱了监管者执行监管的能力。美国专家愿意接受较低的政府工资并临时担任监管工作，而欧洲监管者却都是公务员。

13. 由于变成借款人，央行丧失独立性

从流动性提供者到无效政府的借款工具，央行已经完全改变了金融业格局。全球最大央行资产负债表新增 9 万亿美元，从金融和政治双重意义上说，央行已经发生了改变。央行丧失其独立性，而成为负债累累的政府以及银行的支撑，它们正在改变金融市场以及资本市场，这给金融市场带来不稳定因素并产生严重的退出问题。它们还能独立监管吗？

14. 亚洲必须参与到全球监管体系中来

全球金融市场不能局限于大西洋世界。有 40 亿人口的亚洲，必然会逐渐成为未来金融市场的重要参与者。与亚洲金融机构和监管者进行正式深入的对话将大有裨益。虽然我们都追求金融稳定的目标，但显而易见，具体思路不一定一致。影子银行可能会成为地区甚至全球不稳定的根源。亚洲影子银行发展的趋势是金融稳定的一项主要的系统性威胁。

在存在上述问题的情况下，我们是否可以实现全球金融稳定的目标？

这需要勇气和能力俱在，然而迄今为止，政治集团倾向于集中关注本国事务，并未展现出这种特质。这种情况当然不会提升我们的预期，认为全球监管将以一种专业的方式来推进。我们别无选择而只能尝试并坚持。在本书的最后，我想起荷兰国王 Willem Ier of Orange（1553—1583）的金句：

承担重任并非要希望满怀，

百折不挠并非要成功在握。

关于作者

乔治·尤盖斯是伽利略国际顾问公司的创始人和所有者，该公司的主要业务是为首席执行官、董事会以及政府提供关于国际商业发展的建议、管理和咨询服务，并且帮助企业筹集资金。乔治非常重视跨国贸易，积极地参与市场活动，尤其是中国和印度市场。

在建立伽利略国际顾问公司之前，乔治在1996年9月加入了纽约证券交易所，并成为国际研究部的执行副主席。

1970年，68岁的乔治开始了他在法国兴业银行（现在是巴黎银行旗下的富通银行）的职业生涯，在富通银行，他主管投行及信托部门。他于1985年搬到了伦敦，担任摩根士丹利并购部总经理。1988年，他被任命为法国兴业银行比利时分行的集团财务总监。1992年，他成为欧洲基德尔皮博迪公司主席。从1995年直至加入纽交所，乔治担任欧洲投资基金董事长和比利时私有化委员会主席。同时，他也是法国安盛公司——太平保险（中国）董事会成员。

乔治还是哥伦比亚法学院的客座教授，他所教授的课程是"欧洲的银行和金融"，经常会有媒体就当下的国际金融问题采访乔治。乔治最近出版了一本新书《金融的背叛：恢复市场信心的12项改革》，分别有法语（巴黎：Odile Jacob）、英语（在lulu.com或者Amazon.com上有售）、佛兰德语（比利时：Lannoo）三种语言版本。

关于译者

　　尹振涛，山东青岛人，博士，副研究员，硕士研究生导师。现任中国社会科学院金融研究所法律与金融研究室副主任，兼任国家金融与发展实验室金融法律与金融监管研究基地秘书长。在《经济学动态》《国际经济评论》《中国人口科学》《中国金融》等核心期刊发表学术论文 40 余篇。出版学术专著 2 部，主持和参与多项省部级及国家社会科学基金项目。2014 年荣誉"中国青年经济学人"称号，2016 年荣获"第九届中国社会科学院优秀科研成果"三等奖。主要研究领域为金融监管、金融风险和金融科技等。